Entre le soleil et moi

CORA TSOUFLIDOU

Entre le soleil et moi

Recueil de lettres sur une vie, une réussite.

MARCEL BROQUET
La nouvelle édition

Catalogage avant publication de Bibliothèque et Archives nationales du Québec et Bibliothèque et Archives Canada

Tsouflidou, Cora

Entre le soleil et moi

(Passion et défi)

ISBN 978-2-923860-21-3

1. Tsouflidou, Cora. 2. Restaurateurs (Alimentation) - Québec (Province) - Biographies. I. Titre.

TX910.5.T76A3 2011 647.95092 C2011-941694-8

Pour l'aide à la réalisation de son programme éditorial, l'éditeur remercie la Société de Développement des Entreprises Culturelles (SODEC), le Programme de crédit d'impôt pour l'édition de livres - gestion SODEC ainsi que le Conseil des Arts du Canada.

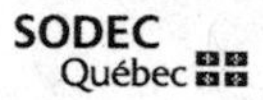

Conseil des Arts du Canada

Marcel Broquet Éditeur
60, Chemin du Mont-Maribou, Saint-Sauveur (Québec) Canada J0R 1R7
Téléphone : 450 744-1236
marcel@marcelbroquet.com
www.marcelbroquet.com

Conception graphique de la couverture : Agence Tank
Réalisation de la couverture et mise en page : Roger Belle-Isle

Distribution :
Messageries ADP*
2315, rue de la Province
Longueuil, Québec J4G 1G4
Tél. : 450 640-1237
Téléc. : 450 674-6237
www.messageries-adp.com
* filiale du Groupe Sogides inc.
filiale du Groupe Livre Quebecor Media inc.

Distribution pour l'Europe francophone :
DNM Distribution du Nouveau Monde
30, rue Gay-Lussac, 75005, Paris
Tél. : 01 42 54 50 24 Fax : 01 43 54 39 15
Librairie du Québec
30, rue Gay-Lussac, 75005, Paris
Tél. : 01 43 54 49 02
www.librairieduquebec.fr

Distribution pour le Benelux :
SDL La Caravelle S.A.
Rue du Pré-aux-Oies, 303
B-1130 Bruxelles
Tél. : +32 (0) 2 240 93 00
info@sdlcaravelle.com
www.sdlcaravelle.com

Diffusion – Promotion :
r.pipar@phoenix3alliance.com]

Dépôt légal : 3e trimestre 2011
Bibliothèque et Archives nationales du Québec
Bibliothèque et Archives nationales Canada
Bibliothèque nationale de France

...à tous nos précieux employés
car ce sont eux qui, tous les jours,
font briller notre soleil.

« Ne vous inquiétez pas de savoir si vous avez les qualités requises. L'Esprit nous choisit toujours pour être au service d'une œuvre qui s'adapte parfaitement à nos dispositions personnelles, même si nous ne partageons pas cet avis. Une piètre opinion de nos capacités est une excuse facile lorsqu'un défi nous est lancé mais le divin Créateur nous a déjà repérés. En effet, ne pas se sentir à la hauteur de la tâche qu'on nous propose semble être une condition spirituelle préalable. »

Sarah Ban Breathnach
Éloge de l'Ordinaire
Édition du Roseau, 2004

INTRODUCTION

Chers lecteurs,

J'ai publié l'histoire de nos débuts en l'an deux mille (*Déjeuner avec Cora,* Libre Expression) alors que nous avions une quarantaine d'établissements de restauration au Québec. Depuis, tellement d'eau a coulé sous les ponts, tellement de poules ont pondu leurs œufs, que nous servons maintenant plus de quarante mille clients par jour dans les cent trente restaurants Cora à travers le Canada, de Vancouver en Colombie-Britannique à St. John's, Terre Neuve.

Depuis, mes mains ont tour à tour quitté la pâte à crêpe, les agendas de travail, les plans stratégiques et, finalement, en 2009, la baguette de chef d'orchestre. Mais elles frétillaient encore, comme habitées d'un trop de mots qui ne demandaient qu'à sauter dans le vide significatif de l'histoire. Je cherchais donc une idée, une façon de raconter mes *affaires* en évitant les tribulations du quotidien. Eureka ! Le vingt-sept mai 2010, en écrivant une lettre à mon amour de Soleil pour souligner notre commun anniversaire, les mots sont sortis de mes doigts tout au long d'une interminable correspondance avec ce gros soleil joufflu représentant ma marque de commerce. Je lui ai tout raconté du *pourquoi*, du *comment* et du *cela* qui nous a amenés à être la plus grande chaîne canadienne spécialisée dans le créneau des petits déjeuners.

Cette correspondance est une véritable histoire d'amour car il en a tellement fallu pour réussir à matérialiser mes ambitions. Toute l'entreprise repose sur l'amour inconditionnel de mes enfants entre eux et pour moi ; sur la solide relation de confiance que nous avons les uns envers les autres. Dès nos débuts, c'est l'amour qui nous a donné des ailes pour avancer ; c'est l'amour pour la famille qui a entretenu notre incessante dévotion à vouloir nous créer un meilleur monde ; c'est l'amour qui nous a préservés des mesquineries, de l'appât du gain et des revendications personnelles. C'est encore l'amour qui nous permet aujourd'hui, de demeurer calmes et sereins devant le succès et l'aisance financière ; l'amour qui nous permet de travailler ensemble à la continuité de l'entreprise sans y être chacun à son emploi. C'est ce même amour qui fait qu'aucun d'entre nous ne s'attribue individuellement le succès. Les enfants et moi sommes convaincus que c'est cette force d'amour qui a fait se mélanger nos intelligences individuelles vers un but supérieur et plus important que ce que chacun, séparément, aurait pu rêver d'accomplir.

LETTRE 1

Le 27 mai, c'est notre anniversaire !

Ne suivez pas le chemin des autres.
Allez au contraire là où il n'y a pas de chemin
et laissez une piste.
GANDHI

Cher Soleil,

Eh oui ! Déjà huit mille quatre cent une aurores accueillies en ne pensant qu'à toi !

Toi, mon immense amour, te souviens-tu du jour où nous nous sommes rencontrés ? J'étais assise au comptoir, du côté des clients, lorsque Mike, le garagiste libanais qui travaillait la nuit dans une imprimerie, arriva. Il voulait absolument me produire une carte d'affaires.

– Je ne suis pas notaire, lui répondis-je, ni avocat, ni médecin, ni même un tout petit peu importante.

– Tu l'es pour moi, répliqua Mike en m'incitant à griffonner quelque chose sur une petite carte blanche immaculée.

Ce gentil Mike m'en apporta une à chaque jour jusqu'à ce que j'accepte, pour rire, de dessiner ta belle grosse figure toute jaune avec un vieux crayon Esso. Tu as immédiatement souri en me voyant, je me souviens, et tes paupières ont baissé de contentement lorsque je t'ai coiffé d'une dizaine de petits rayons. Tu étais magnifique, et le garagiste a sursauté en t'apercevant.

– Ce soleil a l'air d'un roi ! s'est-il exclamé.

– Oui, lui ai-je répondu, ce soleil est le roi de mon cœur !

On était en 1987, et l'été commençait à peine à parfumer de ses effluves la grande île de Montréal. On voyait à l'œil nu une brise chaude et coquine chatouiller les décolletés de nos clientes et faire remonter leurs jupes. Souviens-toi, cher soleil, comme nous nous amusions, d'une carte à l'autre, à t'affubler d'ustensiles, de titres fabuleux ou de mots tellement appétissants.

– Inscrivez une adresse et un numéro de téléphone, insista Mike, dès ton arrivée !

Cher amour, vingt-trois ans se sont écoulés depuis... et des milliers de petites cartes de visite avec ta belle figure jaune ont été reproduites et dispersées à travers le Canada tout entier. Vingt-trois années pendant lesquelles tu m'as fait travailler sans relâche. Pour toi, j'ai enduré patiemment des centaines d'adolescents indisciplinés dans nos cuisines. Pour toi, je me suis cassé la tête des milliers de fois pour créer des déjeuners hors du commun. J'ai tout fait pour assurer ton avenir, en priant des nuits entières pour ne pas désespérer. J'ai dessiné mes menus sur les murs et poussé l'originalité jusqu'à arroser les épinards de délicieux sirop d'érable. Puis, lorsqu'une province entière s'apprêtait enfin à me témoigner son amour, tu m'as toi-même enlevé mon tablier et tu m'as empli la tête de rêves d'expansion. Me clouant habilement derrière un bureau d'administration, tu m'as finement initiée aux réflexions stratégiques et aux analyses financières.

Déjà, je t'aimais plus que moi-même et je me suis laissée embrigader. Telle une abeille devant sa reine, j'ai accepté que tu m'utilises sans vergogne. Tu désirais tellement étendre ta domination ; être partout au Canada, et que demain, comme tu l'inspirais, nous jalonnions les routes de l'Amérique toute entière. Toutes ces années, je t'ai écouté et je t'ai servi religieusement, comme si ma vie dépendait de toi. Pour te satisfaire, j'ai rassemblé la plus extraordinaire brigade de collaborateurs et, tous ensemble, nous balayons encore la route devant tes pas, défrichant province après province pour étaler ton rayonnement.

Dans quelques jours, j'aurai soixante-trois ans et toi, vingt-trois. Notre amour est à ce point immense que c'en est presque indécent. Oui, à quel point je désire plus que tout au monde que tu puisses conquérir, une fois et pour toujours, les cœurs, les ventres et l'imaginaire de tous les habitants de notre continent américain.

Bon anniversaire, mon amour !

LETTRE 2

J'ai tellement demandé à comprendre

La sagesse, c'est de savoir que je ne suis rien ;
l'amour, c'est de savoir que je suis tout ;
et entre les deux, je vis ma vie.
NISARGADATTA MAHARAJ

Très cher Soleil,

Cette lettre de fête que je t'ai adressée pour notre anniversaire m'a drôlement donné le goût de t'écrire plus souvent ; de te raconter tout doucement le secret de tout le brouhaha qui se passait réellement dans ma tête lorsque ces nouveaux restaurants franchisés se sont mis à débouler de ma [illegible] vers la terre ferme. Même si, il y a vingt ans, je t'ai spontanément dessiné sur une petite carte blanche, je suis demeurée trop longtemps parfaitement inconsciente de ta provenance, de ta signification et, le plus extraordinaire, de l'immense valeur que mes agissements allaient apporter à ma modeste et naïve illustration. Je ne me suis jamais doutée que la chaîne de maisonnettes imaginée dans ma tête allait se répandre sur un aussi grand territoire où tu régnerais. Bref, sans que je m'en aperçoive, sans en être tout à fait consciente, je t'ai laissé devenir pour moi une véritable personne, voire même un confident. En fait, plus romantiquement, je dirais que tu es devenu l'amour de ma vie.

Le plus étrange, c'est que je me suis rappelé seulement cette année, le soir de notre fameux anniversaire, les vagues propos de maman faisant allusion au fait que j'étais arrivée ici-bas en plein soleil. Eh oui ! Tu étais là lorsque j'ai ouvert les yeux pour la première fois. « Flanqué en plein milieu du ciel le plus bleu de mai », m'avait raconté maman. Ce jour-là, alors qu'elle arpentait le jardin avec son beau ventre tout rebondi, maman fut obligée de s'accrocher à sa vielle bêche pour absorber le signal brutal lui annonçant que j'allais enfin sortir de mon cocon.

– Je me souviens, dit-elle, lorsque tu frappais pour sortir, j'ai levé la tête vers le ciel pour prier, et c'est le soleil aveuglant qui m'écoutait !

– T'en souviens-tu, Soleil ? J'ai vérifié dans l'Almanach Beauchemin de 1947 : ce matin-là, tu t'étais levé à 4 h 18 et tu m'as attendue douze longues heures, le temps nécessaire pour te rapprocher de la Terre et te pencher vers la grande fenêtre du premier étage de notre maison.

– Avoue ! Tu nous as vues entre les rideaux ! Maman qui m'expulsait en hurlant et la voisine qui l'aidait en me tirant la tête fermement. Ayant tout oublié en sortant des eaux de ma mère, j'ai lancé un cri d'effroi en affrontant la nouveauté de ce monde. M'as-tu entendue ? J'ai pleuré durant de longues minutes jusqu'à ce que la femme aux mains rouges plonge mon corps dans une grande bassine. Elle m'a baignée dans l'eau tiède et m'a ensuite séchée et enveloppée de plusieurs épaisseurs de tissu rugueux. Elle pensait certainement que ton immense chaleur n'allait rien pouvoir faire pour me réchauffer. Je me suis pourtant assoupie et j'ai dormi quelque temps, jusqu'à ce qu'une tétine de chair rose et chaude s'introduise entre mes lèvres. Je l'ai tétée avec avidité, rassurée, parce que mon corps ressentait un urgent besoin de se reconnecter à l'odeur familière de maman.

– Tu as tété sans arrêt, me raconta ma mère, tellement que j'ai dû expliquer à ton petit frère Jérôme que tu n'allais pas me vider de tout mon sang.

Ce mardi-là, cher Soleil, tu t'es couché à 19 h 35. Tu commençais juste à prolonger ta présence jusqu'après le souper en t'amusant à colorer la trentaine de petits villages répandus comme des grains de chapelet autour de la péninsule gaspésienne de tes chaudes teintes orangées.

– T'en souviens-tu ? J'ai tété ma mère, et toutes ses pensées sont tranquillement devenues les miennes, pendant que je grandissais dans l'air salin de Caplan. Puis, deux autres bébés ont fait leur entrée en braillant dans la chambre du premier. Puis ce furent les poussées d'eczéma qui faisaient pleurer maman dans toutes les pièces de la maison et même à l'Église où elle nous traînait le dimanche en maugréant contre la terre rouge de son patelin. Malgré les souhaits de papa, l'école fut incapable de nous apprendre la différence entre l'ordre et le désordre. Il nous fallu donc grandir avec cette pénible ignorance jusqu'à ce que les éclairs du ciel assombrissent nos naivetés de jeunes adultes. Gênés du triste karma de leur progéniture, les parents disparurent à quelques mois d'intervalle au début des années 80. Cette fuite vers l'au-delà s'avéra pourtant un étrange bienfait pour moi : plus personne à blâmer ! Je m'en souviens très bien. J'ai ressenti physiquement cette libération à la morgue où j'ai dû identifier le visage accidenté de maman. À cet instant, je suis sortie de son monde, comme si toutes ses pensées étaient mortes avec elle. Je ne les portais plus en moi. Sans faire de bruit, papa avait quitté notre monde le premier car il était atteint du plus foudroyant des cancers.

Divorcée et seule avec mes enfants, il m'était désormais permis de croire en mes propres capacités. Je pouvais espérer devenir quelqu'un. L'idée d'améliorer ma situation est devenue ma raison de vivre. Puis, j'ai rapidement franchi les étapes du seul métier dans lequel j'allais exceller. De simple hôtesse à l'accueil, je suis devenue gérante, puis partenaire d'un grand restaurant. Finalement, je suis devenue seule propriétaire de mon propre petit restaurant ouvert en 1987, après huit longs mois de repos forcé provoqué par un burn-out. Je m'étais acharnée à prouver aux patrons que j'étais la meilleure. Je sais aujourd'hui que c'est moi-même que je cherchais à convaincre. Parce papa et maman ne m'avaient jamais dit que j'étais bonne à quelque chose. Alors qu'enfant, comme une éponge, j'attendais d'être gorgée de leurs bons encouragements : ils sont demeurés muets. Ils ne connaissaient pas mieux puisque eux-mêmes n'avaient jamais été félicités. Parce qu'en ce temps-là, ce qu'on pensait, c'est que les audacieux se cassent la gueule à se croire supérieurs aux autres. C'est aussi à cause du Dieu que l'on vénérait en 1950. Un Dieu exigeant, jaloux et capable de punir les orgueilleux en les jetant dans les flammes de l'enfer. J'ai tremblé de peur plus souvent qu'à mon tour parce que j'aimais malgré tout ce cœur divin qui, selon leurs dires, protégeait ses enfants. J'ai tellement voulu que ce Dieu puisse un jour m'aimer, qu'il puisse m'entendre quand je pleurais et me faire signe dans ma solitude.

Malgré la présence constante d'une confrérie de démons dans ma tête, j'ai choisi d'écouter la petite voix qui murmurait dans mon cœur. La petite voix qui m'encourageait à avancer, qui me réconfortait et qui toujours était convaincue de mon potentiel. Je me souviens certains jours des affrontements qui s'entrechoquaient dans ma tête, des commentaires intolérables qui ont fusé lorsque j'ai acheté le premier casse-croûte avec l'argent provenant de la vente de la maison familiale.

– T'es trop orgueilleuse. Tu vas tout perdre, et tes pauvres enfants seront à la rue, me disait un petit démon. Puis c'était à celui d'entre eux qui atteindrait le mieux mes cordes sensibles. Ils utilisaient parfois les propres mots de mes parents : « Tu te prends pour qui au juste ? Arrête de rêver ! »

Alors, j'écoutais la petite voix, si minuscule et pourtant si puissante lorsqu'elle traversait ma cacophonie intérieure. J'étais maintenant comme une immense éponge imbibée d'idées contradictoires. Je me souviens, c'était au deuxième ou troisième restaurant, pendant certaines fins d'après-midi, j'essayais de méditer en lavant la vaisselle. J'essayais d'imaginer que ma tête n'existait plus. Les bras trempés jusqu'aux coudes dans le grand évier, je vidais mon esprit de toutes ses absurdités et je parvenais à me calmer, le temps de ranger les assiettes sur leurs piles. Pendant ces brefs instants, j'étais convaincue d'être à la bonne place, convaincue qu'il y aurait toujours assez de clients pour payer nos factures, convaincue, ô félicité, que les clients aimaient nos repas. À force de l'écouter, je redonnais du tonus à ma petite voix ! Plus convaincante, elle s'imposait à moi, traversant le charivari des ustensiles, la montagne de casseroles, et, le pire la brûlure des semelles trop d'heures au garde-à-vous. J'écoutais la petite voix et je buvais ses encouragements comme s'ils étaient de précieux élixirs de longévité. Ils en étaient. Je le découvrirai bien plus tard.

Il ne faut pas mettre l'oiseau
à la broche quand il vole encore.
PROVERBE IRANIEN

LETTRE 3

Une fondatrice heureuse d'avoir fondé

Ils ne savaient pas que c'était impossible et ils l'on fait.
MARK TWAIN

C'est ainsi, cher amour, qu'avec l'esprit torturé et le cœur rempli d'espoir, je suis devenue une fondatrice de quelque chose. Ma tête s'inquiétant de tout, calculant cent fois les mêmes factures, remettant en doute quotidiennement mes capacités et s'affrontant, en permanence, à mon cœur de mère plus fort que la normale. Mais ne l'est-il pas toujours, plus fort que la moyenne, le cœur d'un parent qui doit sauver ses enfants. C'est l'urgence de la survie qui est à l'origine de mon entreprise, l'obligation de me relever les manches et un ardent désir de devenir quelqu'un de bien, quelqu'un qui pourrait, un jour, mériter le Paradis.

Je me souviens de mes jeux préférés lorsque j'étais petite. L'un d'eux consistait à recréer la messe dominicale en utilisant un tabernacle fabriqué à partir d'une petite boîte à souliers recouverte de retailles de dentelles. Je revêtais la vieille écharpe noire de grand-maman et je manipulais avec respect le calice fait d'un pot de vitre contenant les petites hosties qu'il ne fallait pas avaler car elles avaient été découpées par mon frère, dans l'écorce d'un bouleau. L'autre jeu consistait à tenir un magasin général en remplissant de bran de scie toutes les vieilles canisses que je pouvais trouver et en les étalant sur des tréteaux qui servaient à faire sécher la laine des moutons. Je vendais aussi des cailloux délicats, des oursins séchés, des têtes de fleurs sauvages et des plumes d'oiseaux ou de poules, exposées entre les rangées d'aliments. Je me souviens encore des grosses pièces de cinq cents arborant une tête de reine que j'avais dessinées sur le revers des bouchons de pintes de lait. Plus tard, je me suis intéressée à la cueillette et à la vente de petits casseaux de fraises sauvages sur le bord de la route. À l'adolescence, je me suis démenée pour m'inscrire au cours classique et j'ai réussi en offrant à mes parents de régler moi-même les frais de scolarité du collège grâce au salaire de mon emploi de monitrice de terrain de jeux durant l'été.

J'étais une bonne élève, sérieuse, réservée, peu intéressée par les sciences, mais passionnée de philosophie et de toutes autres matières me permettant de répondre aux questions existentielles des Hommes. Je lisais tout ce qui me tombait sous la main et, le reste du temps, j'écrivais mon journal en rêvant de devenir écrivain. Mon père continuait pourtant d'insister pour que je devienne une bonne sténodactylo bilingue. Ni lui ni moi ne gagnèrent, car je dus mettre un terme à mes études à cause d'un bébé presque cuit et près à sortir du four. J'ai accepté cette responsabilité, le mariage forcé et les deux autres enfants venus ensuite. Tout, même l'absence de pension alimentaire, fut absolument parfait, parce que cette dictature me fit prendre conscience que la meilleure façon de contrôler sa vie, c'est d'être désormais assise sur le siège du conducteur. Comme il devint urgent d'assumer moi-même la survie de ma famille, mon rêve de devenir quelqu'un allait ou se matérialiser ou s'éteindre. Après sept années d'expérience en restauration, j'ai ouvert mon propre petit comptoir de nourriture. C'est donc dans ce boui-boui de vingt-neuf places assises que tout a commencé. Il faut toujours une scène pour que l'artiste exécute son numéro, et je venais de trouver la mienne. Je n'ai jamais été intéressée par une carrière en restauration et pourtant, lorsqu'elle s'est imposée à moi, je m'y suis engagée corps et âme. Je me suis pratiquée, j'ai cuisiné, essayé et décidé finalement de me concentrer sur les heures les plus occupées de la journée : celles du déjeuner. Ainsi, j'en étais convaincue, j'avais des chances de devenir la meilleure en la matière. Ce focus sur le déjeuner est à la source de notre succès ; toutes nos bonnes décisions ont été prises sous cet immense parapluie. Par la suite, j'ai travaillé comme un robot adroitement programmé jusqu'à ce qu'un jour, vers 1991, un journaliste me qualifie de « Madame la Fondatrice des restaurants Cora ». Un nouveau galon venait d'être posé sur ma veste de cuisinière, et avec lui, une responsabilité décuplée. La fondatrice que j'étais alors s'est mise à tout vouloir tout solidifier des maigres pilotis sur lesquelles elle avait débuté. Désormais, dans les quatre restaurants que nous avions déjà, tout devint de la plus haute importance.

Durant toutes ces années de commerce, je n'ai jamais pu comprendre exactement ce qui m'arrivait. D'où me venaient les idées et les bonnes réponses ? Quand et comment elles m'arrivaient ? Avec le recul, je suis maintenant davantage capable de discerner les grandes lignes de cette ascension. Comme si je me souvenais d'un spectacle où j'avais été moi-même le fou du roi ! J'ai une plus vaste perspective, et je distingue donc mieux les mouvements. Comme de l'avion, on peut apercevoir les lumières balisant la piste d'atterrissage, je suis capable d'identifier les jalons importants qui ont fait de la mater familias que j'étais une fondatrice reconnue par ses pairs. Je sais aujourd'hui que je possède tous les fameux attributs du créateur d'entreprise : son attachement viscéral à l'entreprise, sa totale dévotion, son obsession du développement, son charisme, ses talents de communicateur, son autorité naturelle et celle issue de son expertise, son leadership intrinsèque, ses compétences indéniables, son gros bon sens, sa prudence économique, sa prédilection pour l'action, son impulsivité, sa soif d'apprendre, sa vision intuitive et en y ajoutant cette dimension tellement humaine de maman attentive à tous. Je suis une fondatrice heureuse d'avoir fondé ; fière d'avoir été le premier artisan d'un concept extraordinaire, fière aussi d'avoir su écouter nos clients et d'avoir eu tellement à cœur leurs désirs.

J'ai entraîné mes enfants dans mon aventure parce que j'avais drôlement besoin d'eux. Besoin de leurs heures de travail non rémunérées au début et, par la suite, de leur support inconditionnel. J'ai dû maîtriser l'interaction constante entre le monde de la famille et le monde de l'entreprise, car il m'était essentiel que les deux se développent harmonieusement. Ça n'a pas été facile, et je n'ai pas réussi sur toute la ligne, surtout en ce qui concerne mes enfants qui ont dû se priver trop souvent d'une maman attentive à leurs besoins. Ils ont souffert de ma sévérité, de mes crises de fatigue, et du fait que c'est d'eux que j'ai exigé le plus. Je voulais qu'ils soient les meilleurs cuisiniers, les plus travaillants, les moins exigeants et qu'ils deviennent des modèles de dévotion. Je les revois encore abasourdis devant mon incapacité à comprendre qu'un week-end de congé est dix fois plus intéressant qu'un congé en début de semaine. « Samedi et dimanche sont nos deux jours les plus occupés de la semaine », avais-je l'habitude de leur répondre. Pauvre de moi, j'avais des défis plus importants que de comprendre mes adolescents.

La vérité, c'est que le développement de l'entreprise a toujours été ma priorité ! Développer le produit, développer le personnel, développer mes capacités, puis développer le futur réseau. Je me demande encore comment j'ai fais. Je me disais : « Un restaurant à la fois » en essayant de calmer ma caboche affolée. Et les employés du premier resto collaboreront à former ceux du deuxième qui, eux, formeront à leur tour l'équipe du troisième, et ainsi de suite jusqu'à ce que nous devenions franchiseur. Nous avons alors choisi les employés les plus performants de nos neufs restaurants corporatifs pour en faire des formateurs et des superviseurs du réseau émergeant. Et ainsi de suite, sans que nous fassions trop de gaffes ni ne perdions complètement les pédales, notre réseau a atteint quarante restaurants au Québec. Vers 1999, je me suis mise à m'inquiéter du fait que très bientôt, nous manquerions de travail et qu'il faudrait envisager d'établir des restos chez nos voisins ontariens. Il a fallu traduire nos manuels, nos menus et toute notre communication écrite ; adapter très légèrement nos variétés de déjeuners et développer le business skill anglophone. On l'a fait en criant ciseaux parce tous nos employés étaient comme nous, bilingues, audacieux et entièrement dévoués au nouvel objectif de conquête.

On a eu la surprise de notre vie en constatant que les voisins Ontariens raffolaient de nos repas. Il faut dire qu'ils avaient davantage l'habitude de déjeuner dans les restaurants que les Québécois à nos débuts parce que plusieurs grandes chaînes américaines et canadiennes anglaises offraient déjà ce service depuis plusieurs années. Dieu merci ! Notre nourriture s'avéra plus délicieuse que les leurs, nos fruits plus frais, nos repas sans friture, nos assiettes plus colorées et plus appétissantes. La victoire ontarienne déclencha rapidement l'urgence d'une restructuration des équipes désormais appelées sur différents fronts en même temps. Devant ce gigantesque défi de conquête, mon jeune fils se mit à briller de tous ses feux. Après chacun de mes questionnements, il me répondait : « Ne t'inquiète pas, maman, je suis là ! »

C'est ainsi qu'il s'est immiscé tranquillement dans mon rêve ; en voulant me réconforter ; en voulant me faire comprendre qu'il était d'accord avec moi malgré sa perpétuelle réticence à ouvrir trop vite, trop de restaurants. Nicholas dirigeait déjà nos opérations au Québec depuis plusieurs lunes avec courage et fermeté. Comme il n'avait jamais voulu faire autre chose, après ses études secondaires, que de m'assister dans le commerce, il avait gravi tous les échelons jusqu'à devenir mon bras droit, mon VP et toutes les autres lettres de l'alphabet à utiliser selon les besoins. Il connaissait tous les recoins de ma tête et, par cœur, mon processus de réflexion. Bien des fois, son jugement d'opérateur aguerri s'opposait à mes désirs effrénés d'expansion. Il savait finement m'influencer ou se rallier à mon souhait avec toutes les précautions possibles. Nous nous obstinions tous les jours ! Cependant, l'amour, maternel et filial, avait toujours le dernier mot dans nos interactions.

LETTRE 4

L'écriture, c'est mon cœur qui parle entre les lignes

Lorsque notre histoire sera écrite,
plus personne ne pourra se souvenir de toi, Soleil,
sans penser à moi. Notre attachement
sera impossible à dénouer.
CORA

Amour de Soleil,

D'aussi loin que je me souvienne, j'ai toujours écrit. Sur l'envers des feuilles de calendrier que ma mère cousait ensemble avec la laine à tricoter nos bas. Elle perçait d'abord quatre ou cinq trous dans le haut des feuilles et les alignait ensemble. Elle enfilait ensuite la laine dans le chas d'une grosse aiguille et passait celle-ci dans les trous de façon à coudre le paquet ensemble. Quant à la distribution des crayons à mine aiguisés avec le couteau de poche de papa, ça ressemblait plutôt à une espèce de distribution de cadeaux rares pour lesquels il fallait avoir été gentil, avoir bien fait son lit, avoir aidé maman et, surtout, ne pas s'être chicanés avec Jérôme, le frérot arrogant. Plus tard, les religieuses de cinquième année, s'apercevant que je composais des quatrains dans mon cahier ligné, me donnèrent des calepins immaculés que je cachais ici et là dans les fentes assez grandes du grenier. Parce que je ne voulais pas que les autres s'emparent de mes belles feuilles, écrire est devenu secret, caché à leur vue. C'est peut-être écrire qui m'a tellement isolée ; de ma maisonnée d'abord et du monde plus tard. Isolée et préservée peut-être aussi. Car à l'adolescence, au lieu de me noircir les yeux, je noircissais les pages de mon journal. Au lieu de me révolter contre l'autorité, je gueulais entre les lignes. Au lieu d'écourter mes jupes ou d'allonger mon toupet, j'inventais des héroïnes encore plus audacieuses que toutes les filles du collège.

Dans ma solitude, je me parlais continuellement ; analysant le monde, le défaisant et le reconstruisant, à ma convenance, page après page. Avec le recul, je crois que l'écriture m'a protégée. Comme une fourrure en hiver, elle m'a empêchée bien souvent de ressentir le froid de ce monde. Lorsque je cherchais l'amour, c'est encore l'écriture qui a été la présence la plus fidèle. Je me souviens qu'en quittant un prétendant goujat, je partais avec elle vers des mondes féeriques, voguant sur les bateaux ivres de Rimbaud ou m'amusant à enjamber les montagnes. Nous roulions jusqu'au fond des vallées, respirant les fleurs ou épiant les fleuves jusqu'à la mer. J'adorais les couleurs des poissons exotiques et celles des papillons des étés que j'inventais ; celles de l'automne lorsqu'il tombe des arbres. Écrire, c'est vivre hier, demain et aujourd'hui tout mélangé. C'est vider l'abcès, vider le corps ou vider le cœur de tout ce qui n'est pas encore advenu. C'est une purge pour ma tête du trop d'ambition qu'elle s'acharne à porter. Parce qu'en me racontant en silence sur la page, je suis capable de déconstruire les ennemis de mon esprit. Je les étudie quelques fois dans leurs moindres détails. Disséquant le nerf d'un comportement, recousant une motivation ou allégeant une culpabilité ; écrire m'a toujours guérie lorsqu'il fallait. Avec les naissances, le divorce et l'arrivée du travail acharné, l'écriture a su se faire petite et concise sur les milliers de feuillets qui ont alors suivi mes déplacements. J'écrivais une idée, notais une réflexion ou recopiais une phrase savante que j'aurais besoin de me répéter. Puis, avec l'arrivée du business, et après avoir écrit nos menus sur les murs, je me suis mise à écrire des procédures, des recettes, des modi operandi et des plans stratégiques. Tantôt comment attirer les meilleurs employés, tantôt comment conquérir une province ; tout y a passé avec, en plus, mes commentaires parfois superflus dans les marges. Et comme si tout cela n'était pas assez pour que je considère avoir bien fait mon travail, j'ai rédigé et maintenu un journal hebdomadaire de quatre pages pendant trois ans, journal que j'envoyais à mes franchisés.

Je me souviens. Juste en dessous de ta jolie figure, mon Soleil, l'éditorial parlait d'une qualité essentielle au commerce : la gentillesse de reconnaître un client, la générosité de donner toujours un peu plus que ce pourquoi il nous paie, la dévotion d'ouvrir soi-même le resto le dimanche matin, la sincérité de nos propos qui permet de toucher le cœur des autres. Encore une fois, tout y est passé, et plus j'écrivais, plus une main imaginaire en déposait sur les tablettes dans ma tête. Puis le journal hebdomadaire a été remplacé par un magnifique agenda annuel entièrement composé sous ma gouverne. Illustré de mes dessins, truffé de citations importantes, de photos du réseau, et de recettes de gâteries pour les clients, l'agenda servait à noter, à chaque jour, le nombre de clients servis, la comparaison à pareille date l'année précédente ; les événements particuliers, les réservations, les fêtes d'employés et tous autres détails pertinents au succès du resto. Sa couverture a aussi servie, pendant de nombreuses années, à publiciser le dessin gagnant d'un concours à travers le réseau, de la meilleure illustration de ce qu'est le concept Cora. Quelle surprise de découvrir autant d'artistes parmi nos employés ! Quelle fierté pour le restaurant employant le gagnant ! Quelle joie dans mon cœur d'avoir eu cette bonne idée !

Une joie encore plus grande m'est tombée du ciel le jour où un éditeur m'a demandé d'écrire mon histoire. Tout simplement, il est allé déjeuner à notre resto de la rue Ste-Catherine, il a découvert le concept Cora, et il a voulu en connaître davantage. Connaître cette bonne femme, savoir d'où elle venait et savoir comment autant de délices s'étaient concentrés sur le menu d'un même établissement, sous le même logo. Il a certes d'abord insisté pour un livre de recettes (que je ne voulais ni ne pouvais divulguer) ; mais il s'est ensuite laissé convaincre par mon enthousiasme de publier plutôt une histoire.

L'écriture fut patiente, compréhensive et respectueuse du travail que mes mains et ma tête ont dû accomplir pendant toutes ces années de conquête. Même si, à plusieurs reprises, j'ai cru qu'elle m'avait quitté pour toujours, la revoici sur ces pages, plus fringante que jamais, cavalant de souvenirs en aventures, avec tous ses mots et ses phrases chargés d'émotions. Écrire, c'est bon comme du vrai bon beurre : c'est délicieux. Écrire, c'est la plus agréable façon de voir avancer les aiguilles sur l'horloge. Par la fenêtre ce matin, je vois l'hiver s'agenouiller sur le gazon pour accueillir le printemps ; écrire, c'est sublime ! Lorsqu'on permet aux mots de glisser librement entre nos doigts, c'est comme si on acceptait d'entrer nous-mêmes dans une nouvelle existence avec seulement l'espoir pour nous tenir la main. Je crois que ça me prend autant de courage que de naïveté pour oser écrire cela aujourd'hui à quelqu'un d'autre qu'à moi-même. Mais j'ai tellement confiance en ce texte qui m'appelle. J'ai appris avec le temps à respecter cet incessant besoin d'expression qui toujours me propulse loin, comme à l'extérieur de mon propre entendement. Comme si je lançais un trésor de l'autre côté d'un mur immense et que je partais à sa recherche. Peut-être est-ce la propre définition de mon être que je pourchasse en m'agrippant aux expressions symboliques comme si elles étaient des cartes géographiques du réel. Qui suis-je donc et pourquoi suis-je ainsi, funambule sur une ligne, m'entêtant à rapprocher deux mondes imprécis ? Pourquoi cet incessant besoin de chambouler ce que je vois et de le refaire autrement ? Qui donc en moi se prend pour un dieu toujours enclin à recréer son propre univers ? Quelle partie de moi a dessiné ce nouveau monde du déjeuner ? Pourquoi ne me suis-je pas contentée de ce qui existait alors ? Pourquoi ai-je voulu disposer autrement la nourriture qui existait déjà ? D'où me vient cet irrésistible envie de vouloir replacer le connu dans des contextes inconnus ? L'écriture, patiente et audacieuse, me l'expliquera peut-être un jour.

Amour de Soleil, tu as tellement été patient avec moi. Je sais que tu ne t'intéresses pas au mobilier de ma maison ; moi, guère plus. Ce sont pourtant les murs qui parlent chez moi : ceux du salon, de la verrière, de la bibliothèque et ceux de la partie ouest de la grande cuisine. Ils débordent des milliers de livres qui me tiennent en éveil depuis vingt ans. J'en suis à me demander si je ne vais pas laisser les mots avancer vers les chambres en rétrécissant le corridor qui s'y rend. Bref, je vis bien entourée, et chacune de mes passions dispose de plusieurs rayons pour se déployer. Crois-le ou non, ce sont les livres d'affaires et de marketing qui occupent le salon. Les romans sont dans la verrière, les livres de références et les livres de recettes dans la bibliothèque dont un mur entier est consacré au petit-déjeuner. La pâtisserie s'étale sur les cinq grandes tablettes du buffet encastré de la cuisine.

J'aime les livres parce qu'ils me permettent de découvrir, d'apprendre, de me documenter, de voyager partout dans le monde, et d'être presque toujours séduite par le talent de leurs auteurs. J'écris mes lettres d'amour dans le salon, sur une grande table Ikea en hêtre plaqué, faite du même matériau que mes nombreuses bibliothèques Billy de chez Ikea aussi. Les fauteuils trônent dans le milieu de la pièce, entourés des lampes, des grenouilles et des anges qui me tiennent compagnie. Et lorsque je lève le nez, je vois les montagnes que je contemple à travers l'immense fenêtre panoramique, côté nord. Je ne suis pas un écrivain de métier ni une experte désirant enseigner. Je suis une cuisinière qui aime te raconter ses histoires, cher confident. Comme je le faisais, adolescente, à mon journal intime, comme depuis toujours j'ai consigné sur la page chacun des grands bouleversements de ma vie. J'ai constaté depuis le temps que lorsque je raconte un événement qui me secoue, il quitte aussitôt le plancher de danse, et ça me fait grand bien. Je ne suis pas malade mais j'ai déjà souffert d'un sévère burn-out. Je le raconte dans mon premier livre : comment, d'un seul coup, la lumière s'est éteinte dans ma tête. « Ça se guérit à force de se faire plaisir », m'avait confié un vieux docteur que j'avais consulté. Je me suis alors remise à l'écriture pour extirper le mal en moi. Ça a fonctionné. Six mois à écrire mon journal intime, et un jour, je me suis retrouvée vide de pensées négatives et de malaises. Enfin guérie ! Mais j'ai gardé l'habitude : je ne laisse plus jamais mon esprit s'engorger. Après la maladie, j'ai acheté le premier petit casse-croûte que j'ai transformé en restaurant de déjeuners. Vingt-trois ans se sont écoulés depuis. Mais c'est encore pour la même raison que j'écris ces lettres d'amour à ma marque de commerce, pour me libérer d'un trop plein d'émotions. Parce qu'en voulant m'éloigner un peu, je ressens un amour immense envers toi, mon adoré. J'ai besoin de t'expliquer ce qui m'arrive ; pourquoi je passe tranquillement le flambeau à mon poussin qui a maintenant grandi. J'ai besoin d'expliquer à mon monde que je ne les abandonne pas même si je renonce au pouvoir. Au contraire, confier la direction de l'entreprise à mon jeune fils âgé de 37 ans est, selon moi, la meilleure façon de lui permettre de laisser croître en lui un bon président, un président dont notre avenir aura besoin. Je ne te dis pas que c'est facile mais j'insiste pour qu'il apprenne de la bonne façon, en étant déjà assis dans le siège stratégique, tout comme moi j'ai appris en m'y installant.

Ne t'inquiète pas, cher Soleil, du papier que nous noircissons à nous remémorer nos savoureuses aventures. Tant d'années se sont écoulées. Aujourd'hui, toi et moi avons suffisamment démontré à nous-mêmes et aux autres que nous sommes compétents. Nous avons effectué la tâche et méritons de prendre le temps de cerner ce qui nous a entraînés aussi loin.

Ce dialogue avec toi, mon Soleil, n'est pas seulement un extrême plaisir pour moi mais c'est aussi, plus profondément, la réponse à une nécessité que je crois essentielle d'expliquer à nos collaborateurs actuels d'où nous venons, qui nous avons été et ce que nous sommes en train de devenir comme entité. En t'écrivant ces lettres, c'est à eux que je veux raconter notre histoire, le processus de notre apprentissage du métier, et comment nos têtes ont dû s'organiser et se réorganiser à mesure qu'elles faisaient avancer l'entreprise. Je sais que tu ne vas pas me répondre avec une vraie lettre envoyée par la poste mais sache que je t'entends murmurer dans ma tête. Cette correspondance est un véritable voyage d'approfondissement pour moi. Tout ce temps passé à noircir des pages s'avère essentiel pour comprendre les liens et les points de transition de tous les événements qui jalonnent notre histoire. C'est mon cœur qui parle entre les lignes ; c'est encore lui qui cherche un sens à notre odyssée, une cohérence significative entre hier et demain.

Tu vas t'en apercevoir, je répète continuellement les mêmes questions, lettre après lettre. Je me cherche, je me découvre, je me corrige et me recrée constamment. Amour de Soleil, tu vas devoir être patient avec moi car c'est ainsi, en me reconnectant aux événements les plus importantes de notre passé, en me permettant de revivre les émotions ressenties, que je trouve l'ambition d'aller encore plus loin et de faire encore plus pour augmenter ton rayonnement. Sois compréhensif ! J'ai besoin de parler, de réfléchir, de méditer, de rêver, de chercher où se situe notre aventure dans ce vaste monde. Des fois, je donnerais tout pour être capable de comprendre le rôle que j'ai joué dans toute cette création d'entreprise. Je raconte notre histoire comme pour m'assurer de l'inscrire dans l'intemporel, pour graver nos personnalités dans la mémoire collective des générations. Le développement se fait tellement vite que, peut-être, nos faits et gestes risquent de devenir ceux des autres en progressant. J'ignore encore ce qui restera de moi lorsqu'on t'aura sorti de ma tête mais, par cette correspondance, je t'inscris en moi pour toujours. Lorsque notre histoire sera écrite, plus personne ne pourra se souvenir de toi, Soleil, sans penser à moi. Notre attachement sera impossible à dénouer.

LETTRE 5
Mon amie la Providence

Nous n'avons ici que cinq pains et deux poissons.
MATHIEU 14,17

Cher Soleil,

Je sais que la plupart du temps les miracles se succèdent devant nos yeux, et nous ne les voyons pas. Prends cette histoire de poissons ; de l'abondance de poissons avec lesquels Jésus a nourri la foule affamée venue l'écouter. Après que tout le monde se soit bien rassasié, il en restait encore douze paniers bien remplis. J'ai toujours cru à ce Dieu capable de tout faire apparaître pour nous soutenir ; tellement que je n'ai jamais perdu espoir. Tu m'as certainement entendue Lui parler plus d'une fois depuis vingt ans. Je parlais à la petite voix à l'intérieur de moi, celle qui s'amplifiait à mesure que l'entreprise grossissait. Va savoir pourquoi ! On dirait que plus je lui parlais, plus elle devenait importante. Plus j'avais confiance en elle ; plus elle prenait de la place dans ma tête et dans mon coeur. Et plus elle prenait de place, moins il en restait pour les mauvais esprits. J'ai même baptisé cette voix du beau nom de Providence. Une densité inépuisable de provisions ! Ne crois-tu pas que ça définit la divinité ? Celle qui a toujours plus de ressources que j'en demande.

Elle a toujours été là avec moi. Je me souviens d'un jour en particulier où on pouvait facilement voir combien j'étais triste en cuisinant, même si les tables se remplissaient à mesure qu'elles se vidaient. J'étais malheureuse parce qu'on était en septembre et qu'aucun de mes enfants n'avait voulu s'inscrire au Cégep. Je devenais encore plus affligée à penser que mes nombreuses années au collège ne serviraient plus à rien dans ce boui-boui.

J'avais pourtant accumulé quatorze années d'études en littérature avec maîtrise du latin et du grec ancien ; en sciences et en mathématiques pénibles qui m'avaient fait damner. J'avais tout enduré parce que je voulais devenir quelqu'un. J'ai avancé jusqu'au jour où j'ai rencontré ce beau dieu grec sur mon chemin. Tu as tout vu ça d'en haut, cher Soleil, pas besoin de nous remettre à pleurer.

La vérité, c'est que j'étais plus triste que d'habitude ce jour-là dans le casse-croûte parce que je croyais devoir renoncer à ma créativité, et Bang ! Providence m'envoyait son premier message. Le resto était bondé ; j'étais comme à l'habitude derrière mon comptoir présentant tous les aliments servis au déjeuner dans les petits snack-bars en 1987 : œufs, bacon, saucisses, jambon et mélanges à crêpes Aunt Jemima. C'est ce moment que Providence a choisi pour m'envoyer cet éclair de génie : pourquoi ne pas offrir à nos clients un véritable mélange pour faire des crêpes comme ma mère nous les faisait en Gaspésie, dans le temps ? Au lieu de pancakes insipides, j'étendrais la pâte en grandes crêpes minces et délicieuses. Bang ! Bang !

Et voilà que ces grandes crêpes maison devinrent la raison principale pour laquelle les travailleurs revenaient au casse-croûte le dimanche avec leurs femmes et leurs enfants. Le building tout entier s'est vu encerclé d'une longue file d'attente de clients vantant toutes les garnitures que la géniale patronne ajoutait aux grandes crêpes. J'ai vite compris la leçon. Je n'avais pas besoin de me contenter de faire ce que tout le monde faisait depuis cinquante ans dans les casse-croûte. Je pouvais réorganiser mon univers, inventer de nouvelles façons de présenter la nourriture, oser être différente, réécrire le menu et inventer de nouvelles histoires.

J'en ai conclu que pour réussir, j'allais exprimer ma créativité et, Dieu merci, j'en avais justement à revendre. J'en vendrai plus tard mais j'étais encore loin de m'en douter. Providence, ce jour-là, venait d'ouvrir les écluses de mon imagination. Ce fut une joie immense. Créer de nouveaux plats est devenu ma passion et la meilleure motivation pour me lever dès 4 h 30 chaque matin avec le sourire. Même si l'inspiration coulait en moi comme les chutes Niagara, je n'ai rien fait toute seule. Au contraire, j'ai impliqué tous les employés et tous les clients du casse-croûte qui voulaient bien me raconter leurs histoires de repas matinaux. C'est devenu un grand jeu dans les premiers restos Cora. J'essayais chacune des suggestions qu'on me faisait et quand ça constituait une belle assiette, je la baptisais du nom de la personne qui m'avait suggéré l'idée. C'est ainsi que nous avons composé, les employés, les clients et moi, les premiers menus Cora. C'est alors à ce moment, à travers toute cette agitation créative, que Providence m'a offert un second bienfait. À mesure que je créais une nouvelle assiette, je brûlais de la présenter aux clients et j'ai vite compris pourquoi j'aimais tant ce nouveau genre de créativité. À chaque fois qu'un client recevait un beau plat, il était ébloui et me témoignait de l'amour pour ce plat que je venais de lui servir. Dieu merci ! J'avais enfin trouvé le moyen de créer et d'être aimée : servir des déjeuners extraordinaires à mes clients. Encore aujourd'hui, je ne pense qu'à ça : être aimée par le plus de monde possible, dans le plus d'endroits possible, le plus souvent possible. Imagine, cher Soleil, mon enthousiasme lorsque j'ai découvert que le franchisage allait me permettre de réaliser cela. Quelle aventure cependant !

LETTRE 6

Découverte du franchisage

Le puits de la Providence est profond.

MARY WEBB

Mon magnifique Soleil,

Il s'est passé tellement de choses depuis que la Providence travaille avec moi. Tu te souviens, cher Soleil, de Sophie, la jolie demoiselle qui, la première, m'a demandé une franchise en 1992. Elle n'avait certainement aucune idée de l'impact que sa demande allait avoir sur ma vie. Avec le recul, je suis convaincue que cette jolie fille était un des nombreux anges que la Providence m'a envoyés pour arriver à ses fins avec moi ! Toi, Soleil, tu le sais : tu me voyais aller au puits avec une cruche trois fois plus grosse que celle qu'une seule tête aurait pu transporter.

Bref, mademoiselle Sophie était une belle grande blonde très articulée et surtout complètement convaincue que j'allais lui dire oui. Ça m'a pourtant pris douze longs mois avant de prononcer ce fameux oui : le temps nécessaire pour lire tout ce qui avait été publié en français sur le franchisage au Québec. J'avais tellement avalé de mots savants que le premier avocat consulté m'a traitée de cliente sophistiquée. En mettant toutes mes années d'études à contribution, j'avais appris presque par cœur toutes les étapes du processus d'apprentissage nécessaire à notre nouvelle vocation de franchiseur. Sauf toi, Soleil, qui savais déjà où cela nous mènerait, n'importe qui d'autre aurait traité la cuisinière de casse-croûte que j'étais de folle à lier.

Parce qu'après avoir passé des dizaines de soirées à la bibliothèque municipale à lire en français sur ce thème, j'ai aussi épluché l'histoire de plusieurs grandes chaînes de restauration américaines. C'est probablement ce genre de folie qui m'a fait répondre au consultant qui m'interrogeait sur mes intentions en devenant franchiseur :

« Monsieur Shereck, lorsqu'on pense hamburgers, on dit McDonald, n'est-ce pas ? Moi, ce que je veux vraiment, c'est qu'un jour, lorsqu'on pensera déjeuners, on dise immédiatement Cora. »

Sortie spontanément de ma bouche quelques mois seulement après avoir attribué notre première franchise à mademoiselle Sophie, cette simple réponse est immédiatement devenue le nouvel objectif de ma vie. Je savais que pour y arriver, j'allais devoir me comporter comme mon héros, le gros M, connu dans le monde entier. J'ai placé la barre très haute pour toute mon équipe, dès le début. Car il ne me suffisait plus, pour être heureuse, de servir des déjeuners inoubliables dans nos neuf restaurants existants, il allait maintenant falloir exceller à transmettre notre savoir-faire à de futurs franchisés qui eux allaient nous permettre d'augmenter le nombre de nos établissements. La tête emplie de ces nouveaux principes commerciaux, je me prenais pour Superman et voulais dominer le marché canadien au grand complet. Les experts eux-mêmes ne s'accordaient-ils pas pour dire que c'était là la promesse accordée à tout bon franchiseur : dominer son marché ? Imagine, cher Soleil, je rêvais déjà, en accordant cette première franchise, que ta jolie figure devienne aussi importante que la grosse coquille jaune de Shell.

J'en rêvais jour et nuit mais je n'en parlais à personne. Parce qu'il ne faillait pas être vantarde comme disait jadis ma mère. Ni parler à travers son chapeau. Alors, je laissais mes enfants plutôt penser que j'étais insatiable, jamais contente ou pire encore : impossible à rendre heureuse. Les pauvres petits s'acharnaient à m'encourager, me lançant sans réfléchir, tantôt que j'étais la meilleure mère, tantôt qu'ils avaient déjà une plus belle vie que leurs deux brassées de cousins allophones.

À l'automne de 1993, un étrange organisme s'était emparé du mien. Parallèlement aux recherches à la bibliothèque et à la fréquentation de dizaines de nouveaux dossiers de réflexion, je m'étais inscrite à la conférence d'un éminent orateur en matière de création d'entreprises. Après avoir salué les distingués invités de l'assistance, monsieur le fondateur d'une illustre banque prononça ceci : « L'entrepreneurship, c'est faire des grandes choses avec des petits moyens. Ce n'est pas pour les riches, a-t-il ajouté, car les riches n'ont qu'à faire des investissements, des placements ou d'autres acquisitions pour augmenter leur fortune. L'entrepreneurship, c'est pour les pauvres car c'est un excellent moyen d'améliorer leur situation et de devenir quelqu'un ».

D'abord clouée sur ma chaise par le discours de cet homme, j'ai ensuite eu l'impression qu'un geôlier invisible ouvrait toutes grandes les portes de ma prison. Moi qui pensais que je n'avais pas le bon profil, que je n'avais rien de compatible avec cette nouvelle passion : ni parents entrepreneurs, ni oncles riches, ni études au HEC, ni même la plus petite affinité à gérer correctement les nombreuses factures qui nous menaçaient à chaque fin de mois. J'étais vraiment pauvre, et l'entreprenariat allait me permettre d'améliorer ma situation. Wow ! J'allais entreprendre ! J'étais pauvre et je voulais m'en sortir, nourrir mes enfants convenablement et devenir quelqu'un de bien.

Lorsque j'y songe, je pense que l'entreprenariat mijotait déjà dans mes tripes, tapi à l'intérieur de moi, caché sous forme d'un incessant désir de contrôler moi-même ma destinée. Même après le départ du mari et un divorce sans provisions, je n'avais jamais songé une seule seconde à m'inscrire au Bien-être social de l'époque, même lorsque personne ne voulait m'embaucher. J'ai donc vendu la maison familiale et acheté un petit snack-bar. Puis, j'ai travaillé du matin au soir, sept jours sur sept, jusqu'à ce que nous ayons assez d'argent pour acheter un second petit établissement, puis un troisième, puis finalement neuf restaurants Cora ronronnant comme des chats bien nourris. Des fois, cher Soleil, je pense que je suis devenue entrepreneur parce qu'une force extérieure à la mienne a décidé de m'entreprendre. Sans répit, elle m'a fait pratiquer mon métier afin d'être meilleure de jour en jour malgré les peurs, malgré les découragements, et malgré les critiques venant de ceux qui ne comprenaient pas qu'un avenir mirobolant me tirait chaque jour vers le haut.

Et toi, mon chéri de Soleil, tu aurais pu m'effleurer d'un de tes rayons pour que je prenne un raccourci. Mais non : tu as été patient. Tu m'as attendue comme on attend de la framboise qu'elle mûrisse. Éclairant de jour comme de nuit ma persévérance, tu as nourri ma ténacité et mon endurance. Voilà pourquoi je t'aime tant. Toute cette route parcourue pour te rejoindre, tantôt triste, tantôt songeuse, parfois ébahie par le simple bonheur de faire plaisir aux autres. J'en ris aujourd'hui, mais nous savons tous les deux à quel point c'est difficile lorsqu'on débute en affaires : les longues heures de travail, l'impossibilité financière d'embaucher assez de personnel, la résistance au découragement, l'isolement, l'imagination programmée pour la défaite et, le pire, le peu d'encouragement de notre entourage. Aussi invraisemblable que ça en a l'air, on dirait que les gens ne sont pas intéressés à nos efforts. On dirait même que ça les dérange. On a souvent l'impression qu'ils sont là pour nous surveiller ; qu'ils attendent qu'on ferme boutique. Comme s'ils allaient trouver dans l'échec du voisin une bonne justification de n'avoir rien entrepris eux-mêmes. Mais il faut continuer ! Il faut travailler, bûcher, persister, prier et, finalement, il faut lâcher prise. Il faut donner le meilleur de nous-mêmes et croire que ça ne sera pas perdu.

C'est ce que j'ai fait. Pas parce que je comprenais tout ça à mes débuts mais parce que je n'avais pas le choix. J'ai persisté, et à force de travailler, j'ai découvert, à ma grande surprise, à quel point j'aimais cuisiner. J'ai découvert à quel point le processus créatif s'alimente de n'importe quelle matière première. Adolescente, je voulais écrire des romans et voici que je le fais avec de la farine, des rondelles de bananes, avec des pains dorés aromatisés et des coupures de fruits exotiques.

C'est tellement important d'aimer ce qu'on fait. C'est important d'en être inspiré, d'en être enthousiasmé parce que c'est cet amour du métier qui nous aide à persévérer. Et la persévérance, c'est comme un constant désir de toujours vouloir en connaître davantage. C'est la persévérance qui m'a permis d'avancer. Parce que j'aimais cuisiner. J'ai continué à ouvrir des restaurants jusqu'à ce que je réalise que j'étais capable d'enseigner aux autres à le faire. C'est là le principe même du franchisage : « Enseigner aux autres sa formule gagnante ; leur prêter, moyennant rétribution, l'utilisation de nos marques de commerce, de notre logo, et notre façon de faire afin qu'ils bénéficient de notre expertise et de notre notoriété. Ça m'a presque fait perdre la tête de lire sur le franchisage, surtout lorsque j'ai découvert les multiples possibilités de croissance qu'offrait ce modèle de commercialisation. Moi qui voulais satisfaire le plus de clients possible, moi qui avais enfin découvert la meilleure façon d'être aimée.

Cher Soleil, tu savais ce qui allait nous arriver et, pour cette raison, tu as été prudent avec moi. Tu savais que pour bâtir une grande marque, il fallait prendre son temps, faire ses devoirs jusqu'à épuisement, et ne rien négliger des exigences du métier. De concert avec toutes les entités qui prennent soin de moi, là-haut dans ton ciel, tu as orchestré mon apprentissage en m'envoyant autant de difficultés que de courage.

Je me souviens de ma première lecture légale sur le franchisage : une gosse bible à couvert bleu, écrite par maître J.H.Gagnon, expliquant comment devenir franchiseur. Entre autres, l'avocat réputé y énumérait les principaux critères d'accessibilité essentiels à un concept pour être reproductible et apte à commercialiser. C'est le chapitre qui m'a ouvert non seulement les yeux mais, extraordinairement, la porte de l'avenir.

Tu le sais, Soleil, mon modus vivendi, c'est le progrès, et je suis incapable de m'asseoir bien longtemps sur mes lauriers. Aussitôt qu'un nouveau restaurant ouvre, après que nous ayons félicité le franchisé et son équipe, cassé quelques oeufs devant les officiels de sa municipalité et prononcé le gentil discours d'ouverture dans lequel je déclare très sincèrement que c'est le plus beau jour de ma vie, aussitôt la cérémonie terminée, j'embarque dans ma voiture avec, à chaque fois, une nouvelle aspiration : ouvrir le prochain resto. Voilà qui j'ai été pendant ces vingt dernières années : un cerveau rêvant au prochain restaurant à ouvrir. C'est la faute de l'entreprenariat. Ce monstre qui nous empoigne, qui nous habite jour et nuit, et qui insuffle l'énergie nécessaire à nos actions. Le jour où on a enfin appris à se sortir la tête hors de l'eau et à devenir un bon patron, c'est encore lui qui nous embarque dans une nouvelle aventure : aller plus loin, voir plus gros, rêver plus grand. Début 1995, lorsque je retire définitivement mon tablier, je me transforme en femme d'affaires avide et enthousiaste, cherchant continuellement à se surpasser. Je ne m'en plains pas car cette infatigable conviction de faire encore mieux est devenue une formule gagnante pour moi.

Cher Soleil, tu connais certainement l'histoire de cet américain de Wall Street qui s'est rendu en Indes pour consulter le gourou recommandé par plusieurs grands mandarins du commerce. Le voici donc, impatient, enfoncé dans un coussin multicolore avec, devant lui, une petite table basse qui l'empêche d'étendre à sa guise ses énormes pattes de commerçant bien nanti. Après presque trente longues minutes d'attente à contempler la porcelaine du service à thé posé devant lui, l'homme d'affaires voit enfin le gourou s'installer calmement devant lui, sur un coussin. Pressé par la consigne des quinze minutes allouées avec ce saint homme, l'Américain arrogant entame aussitôt le dialogue pendant que le gourou s'étire la main vers la théière indigo. Après l'énoncé de sa première question et voyant que le gourou demeure toujours muet, notre homme s'aperçoit que l'Indien continu à verser le thé jaune dans la tasse, thé qui déborde dans la soucoupe. Une seule petite phrase s'échappe alors de la bouche du précieux enseignant : « On ne peut rien ajouter à l'esprit rempli comme cette tasse ». Je n'ai pas encore eu la chance de me rendre à Delhi ; cependant, j'ai compris que plus j'en apprends et moins j'en sais, car ce monde est en constante évolution. La meilleure façon de réussir à s'adapter n'est-elle pas de toujours être à moitié formée, à moitié certaine, à moitié réussie, et à moitié remplie contrairement à la tasse du gourou. Je t'entends rire de moi, astre brillant, mais il ne faudrait pas oublier qu'ici bas, nous sommes des fourmis qui confondons une larme avec l'océan Pacifique.

Bon, ta tasse est pleine, alors à demain, mon chéri.

LETTRE 7

Le franchisage : une affaire très sérieuse

Quand je scrute l'avenir, il est si brillant qu'il me brûle les yeux.
OPRAH WINFREY

Cher Soleil,

Je me réjouis de l'ampleur que prend cette correspondance. Plus j'écris, et plus ta figure satisfaite m'encourage à continuer malgré les multiples engagements qui m'éloignent de mon ordinateur cet automne. Je voyage avec toi dans ma tête telle une adolescente amoureuse, trouvant toujours le temps de transcrire une idée dans mon calepin ou d'envoyer un texto à ma propre adresse courriel. Le franchisage, tu le savais, allait devenir la meilleure stratégie d'affaires pour commercialiser notre concept. Parce qu'on avait comme ultime projet d'offrir une expérience de déjeuners inoubliable, notre objectif est rapidement devenu de l'offrir dans le plus d'endroits possible, le plus souvent possible, au plus grand nombre de clients possible. Ayant appris dans l'aventure quelques centaines de nouveaux mots percutants, je me suis transformée en Ray Kroc voulant conquérir le ventre de tous les canadiens, d'un océan à l'autre.

Dieu merci, c'est le franchisage qui m'a ouvert les yeux sur l'importance de l'icône que tu étais devenue, cher Soleil. Soudainement, je me suis mise à désirer bâtir une image de marque forte. Comme un emblème sur des drapeaux de conquérants, l'identification de nos établissements, sur nos cartes d'affaires et dans nos propres cœurs. J'avais besoin d'un logo représentatif de ce que nous étions en train de commercialiser. Et toi, tu étais l'expression de mon imagination en action, l'expression de ce qu'étaient mes déjeuners : éblouissants, joyeux, délicieux et bienfaisants. Le sais-tu, cher amour, qu'avec l'arrivée du franchisage, tu es devenu notre effigie, notre identification, et le roi suprême de tous ceux qui allaient travailler sous ta bannière. Du jour au lendemain, une armada de serviteurs s'est formée pour voir à tes besoins, et je suis devenue moi-même, aux dires des autres, ta vaillante fondatrice. Nous somnolions, toi et moi, et le franchisage nous a éveillés à un potentiel encore plus grand. Nous nous sommes empressés de répondre avec enthousiasme à tous les fameux critères d'accessibilité déjà établis, en 1987, par les spécialistes en la matière. Oui, notre concept est résolument innovateur, tellement original et différent de tout ce qui se faisait en terme de déjeuners à cette époque. Oui, nos repas déploient un attrait quasi universel car tout le monde déjeune. Oui, notre concept est intéressant pour un franchisé potentiel grâce à l'investissement raisonnable qu'il nécessite, à la qualité du produit, aux heures limitées d'opération et à la simplicité des techniques d'exploitation. Oui, notre occasion d'affaires est sans grandes contraintes légales sauf celles d'observer les normes d'hygiène et de salubrité en vigueur. Oui, le concept possède de multiples possibilités d'expansion autant pour le franchiseur que pour un franchisé pouvant posséder plusieurs succursales. Oui, c'est un concept dont la rentabilité est prouvée puisque nous avions déjà établi neuf restos rentables avant même de devenir franchiseur. La technique et le savoir-faire sont transmissibles, et nous l'avions déjà fait neuf fois. Oui, les raisons du succès de notre concept sont facilement identifiables et quantifiables, et nous les avons mesurées sur trois différents marchés. Finalement, je réalise que nous étions très qualifiés pour la tâche même si je me demande encore aujourd'hui comment j'ai pu créer un concept commercial aussi parfait pour le franchisage. À voir stagner plusieurs imitateurs, je me dis que nous, les authentiques soleils, nous avons drôlement bien fait notre travail. Avant même d'accorder une première franchise, nous avions déjà neuf établissements profitables dans différents marchés. Nous ne nous sommes pas improvisés franchiseur comme certains peuvent être tentés de faire en copiant une formule gagnante. C'est en ayant constamment en tête le ravissement de notre clientèle que nous avons créé chacune de nos façons de faire, et c'est là notre principal avantage. Même si c'est parfois frustrant, comme leader de notre industrie, d'être imité à outrance, cela nous stimule pour continuer à inventer. Je sais qu'aujourd'hui, certains de nos cadres jouent à prédire le temps qu'il faudra à une nouveauté Cora pour figurer dans le menu de tel ou tel autre de nos concurrents.

Le franchisage est une affaire très sérieuse dans laquelle l'intérêt du franchisé doit passer avant celui du franchiseur. Telle est notre conviction depuis le début et même durant toutes ces années pendant lesquelles l'investissement dépassait de beaucoup les revenus générés. Nous sommes fiers, les enfants et moi, d'avoir été, tout ce temps, les salariés les moins bien rémunérés de l'entreprise. En leur donnant le strict nécessaire, j'ai peut-être appris à mes poussins l'essence même de l'entreprenariat : être responsable de son salaire. Il faut planter creux pour que l'arbre monte haut. Je me souviens ici de la rédaction des manuels, de mesures des ingrédients pour les recettes, et des décisions qu'il fallait consigner à la tonne pour chacune des situations susceptibles de se produire pendant l'exploitation du commerce. Même si nous ignorions encore le jargon du métier, notre infatigable volonté de bien faire les choses nous a permis d'élaborer un solide système d'exploitation que les experts comparèrent plus tard à celui des plus grands de la restauration.

Dieu merci, je n'ai jamais considéré un beau gros compliment comme l'aboutissement d'un effort. Hop ! Il faut continuer à s'améliorer. Il faut conquérir, garder et accroître nos parts de marché, en assurant bien entendu un bénéfice à nos clients d'abord, à nos franchisés ensuite, et à nous-mêmes ce qu'il en restait. « Faire faire de l'argent aux autres, c'est la meilleure façon d'en faire soi-même », m'avait dit l'oncle de mademoiselle Sophie, notre première franchisée. Ce cher Napoléon

Hill le confirme lorsqu'il nous exhorte à « éviter de semer des chardons lorsqu'on désire récolter du trèfle ».

LETTRE 8

La naissance d'une marque de commerce

Dieu répond parfois prestement à notre prière,
nous lançant au visage la chose que nous avons demandée:
un défi avec un cadeau dedans.
ELISABETH BARRETT BROWNING

Amour de Soleil,

J'étais tellement naïve lorsque je t'ai rencontré il y a vingt-trois ans. Je priais en ne pensant qu'à survivre et à réussir à élever mes trois enfants. Je me souviens, assise au comptoir du premier petit restaurant, je barbouillais sans répit ta grosse figure sur les petites cartes blanches qu'avait apportées notre ami Mike en insistant pour nous imprimer des cartes d'affaires. Je ne comprendrai jamais comment et pourquoi ta belle figure contentée revenait sans cesse sous la mine du crayon à dessiner. Pourquoi pas une assiette bien garnie, une poule, deux œufs miroir se tenant par la main ou une belle tasse de café qui tous eurent été beaucoup plus représentatifs de notre boui-boui. Mais non, c'était toi et ton infatigable sourire de contentement qui s'imposait à moi à chaque gribouillis.

Était-ce donc ce sentiment de satisfaction qui allait devenir le logo sur ma carte d'affaires ? Comment aurai-je pu le savoir, moi qui n'avais aucune idée de ce qu'était le monde du commerce et encore moins celui du marketing à cette époque. Tout ce que je voulais, c'était de bien servir nos clients. De les ravir, comme j'expliquais aux enfants. La littérature m'ayant enseignée que les mots ont plusieurs niveaux de significations, j'avais déjà compris que ravir, ça allait beaucoup plus loin que satisfaire. Ravir, ça impliquait de dépasser l'attente du client ; ça sous-entendait de le surprendre positivement, et ça j'en raffolais. Je raffolais de leurs mimiques lorsqu'ils recevaient leurs déjeuners beaucoup plus beaux et beaucoup plus savoureux qu'eux-mêmes auraient pu l'imaginer. J'aimais leurs réactions, leurs commentaires et leurs yeux remplis d'amour lorsqu'ils me remerciaient. Peut-être qu'à bien y penser, c'est aussi cela que tu as voulu m'exprimer lorsque tu es arrivé pour la première fois : le ravissement. Ta tête jaune et brillante, ta chair joufflue et sympathique, tes paupières inclinées de complicité, et ce sourire trahissant tout le contentement de ta figure.

Sûrement que toi, tu savais ce qui allait nous arriver. Tu savais que tu allais devenir une grande marque de commerce, et c'est pour cela que tu t'es empressé de revêtir l'intention de mon cœur sur ta chaude figure. Je t'ai tout de suite aimé, tu le sais. J'ai vite commencé à te dessiner partout pour identifier ce que nous faisions et qui nous étions. Moi-même, j'ai tout de suite voulu devenir forte comme toi, puissante, lumineuse et joyeuse. Je voulais aussi que ma nourriture soit belle comme toi : aussi bonne, chaude, réconfortante. La vérité, c'est que je rêvais déjà qu'en entrant dans nos établissements chaleureux, en consommant notre nourriture délicieuse, nos clients puissent ressentir eux aussi le bien-être et le contentement. Comme si toi-même, tu les avais touchés en leur promettant du bonheur.

Bien sûr, je ne connaissais pas encore tout le vocabulaire capable d'articuler ce que je ressentais mais mon cœur était amoureux, j'en étais convaincue.

Tu te souviens de ma joie ce fameux matin dans notre premier resto : on était le 19 octobre 1987. Je le sais parce que j'avais noté l'événement dans la marge de mon petit agenda Unicef. Ce matin-là, la première page de la Presse excitait ses lecteurs avec ses grands titres sur l'indice

Dow Jones des valeurs industrielles ayant subi sa plus importante chute de l'histoire : presque 23 %, une perte de 500 points.

La seule chose que je comprenais, c'est que ça n'allait pas trop bien dans le monde, à l'extérieur du boui-boui. Mais j'étais heureuse parce qu'à l'intérieur, on battait le record : nous avions quadruplé le nombre de nos clients hebdomadaires après seulement quatre mois d'ouverture. J'étais amoureuse et exaltée.

Tellement euphorique, tu t'en souviens, que j'avais souvent l'air de me parler toute seule en faisant tourner les crêpes sur la plaque chauffante. C'est à toi que je m'adressais, Soleil d'amour, te déballant tantôt mes rêves de déjeuners encore plus spectaculaires, tantôt les commentaires élogieux des nouveaux clients. On constatait ensemble comment chaud il faisait en automne lorsqu'on redonnait à un client, une louche de sa soupe préférée. Tu te souviens, mon chéri, à notre troisième resto, lorsqu'on a décidé de faire du sucre à la crème pour la première fois, avec une vieille recette de la mère du plongeur, l'éblouissement provoqué lorsqu'on a déposé près de la caisse la grande assiette avec sa pyramide de gros morceaux de sucre truffés de noix de Grenoble ? Nous jubilions de bonheur ce midi-là parce qu'on devait répondre OUI à tous les clients : oui, c'est gratuit, c'est spécialement pour vous qu'on l'a fait, pour vous remercier d'être venus.

« Pour en donner plus que ce pourquoi on est payés », par pure générosité ; ce que j'expliquerai plus tard à mes franchisés en réunion officielle. On n'a jamais arrêté de donner, et des trillions de gros morceaux de sucre à la crème parlent encore de nous à travers le Canada tout entier. Dans les mains des visiteurs étrangers, nos morceaux de bonté traversent avant nous les frontières, étendant ainsi la réputation de notre nourriture aussi loin qu'en Australie, en Chine ou, plus près, dans chacun des états de notre voisin américain. De partout, des commerçants intéressés veulent en savoir plus sur nos agissements, sur notre mentalité et sur nos occasions d'affaires.

Voilà comment nous nous sommes bâtis, toi et moi, en laissant d'abord s'exprimer notre cœur et ensuite notre tête. Nous nous sommes créés tranquillement, jour après jour, en étant courageux, honnêtes avec tout le monde, et passionnés par la qualité de notre nourriture. Notre générosité a fait le reste, extirpant la créativité d'entre nos oreilles, faisant en sorte que nous demeurions humbles et authentiques, sincères et, malgré tout, prudents.

Aujourd'hui, lorsque je visite les restaurants de notre chaîne, je regarde toujours en premier l'assiette de sucre à la crème et je peux prédire le succès des établissements à la grosseur des morceaux. Trop simple diront certains. Peut-être. Mais je n'ai pas attendu de lire Jack Trout pour comprendre que lorsqu'un client décide de savourer notre omelette, c'est toute l'ambiance du concept qu'il désire croquer. Bien sûr, nos spécialistes en marketing s'occuperont plus tard d'expliquer avec des mots intelligents cette notion à nos collaborateurs. L'équation gagnante restera toujours : « Plus tu donnes, plus tu reçois », et non : « Plus tu donnes, moins il t'en reste », comme certains petits morceaux ont tendance à vouloir démontrer.

Chère marque de commerce, plus j'avance et plus je réalise le génie de ton illustration. Tu n'es pas seulement une belle figure, tu es, à toi seul, une inépuisable mission d'entreprise car tes fameux attributs sont tous actuels, attirants et bénéfiques. Tu représentes la satisfaction, l'inusité, le travail bien fait, le ravissement, l'abondance, le réconfort, la santé, la bonté, la joie, le plaisir de vivre et de manger. Tu es tout cela et, en même temps, ni snob, ni lointain, mais charismatique et chaleureux. Je suis fière de ton ADN et je te l'avoue, toute ma vie avec toi, j'ai voulu te ressembler le plus possible, mon cher amour.

Je t'entends rire, et tu as raison de te moquer de ma philosophie de vieille présidente à la retraite. Moi-même, en me parlant dans le miroir, je me fais penser au vieux Yoda de la Guerre des Étoiles. Expliquant ceci ou cela à nos nouveaux employés ou essayant encore de faire une différence dans la tête de ceux qui ont débuté à la plaque chauffante avec moi. L'amour est toujours là dans mon cœur, essayant de sortir par tous les pores de ma peau ! Ces longues lettres entre nous, ces conversations inusitées, sais-tu à quel point elles me sont bénéfiques ?

Je pourrais presque dire que toutes ces années travaillées ensemble, dans les cuisines, dans les restos et, plus tard, dans les bureaux d'administration, pendant toutes ces années, jamais, je n'ai ressenti une aussi grande intimité avec toi, cher Soleil, que maintenant dans ces écrits. C'est toi que j'ai devant les yeux en permanence lorsque je me souviens. Toi et avec toi, tout le passé de l'entreprise, toute l'histoire comme dans un film qui aurait l'habilité de comprimer nos communes années.

Reste et écoute car j'ai besoin d'alléger ma tête de tout ce que tu as représenté pour moi. Reste encore et aide-moi à me détacher des précieuses significations que j'ai accordées aux choses d'ici-bas. Reste avec moi car j'ai surtout besoin de croire qu'en nous racontant, j'inciterai les autres à aller plus loin que ce que nous avons créé ensemble.

Bon ! Tu viens de disparaître derrière la ligne d'horizon. C'est ta façon de me dire : « Repose-toi, ma douce ! » Je te reviendrai donc demain.

LETTRE 9

L'ADN de la marque

L'homme qui regarde l'horizon
ne voit pas la prairie devant lui.
PROVERBE INDIEN

Ne t'emballe pas, cher Soleil ; il m'arrive d'écouter. Comme l'autre jour, lorsque ce savant qui m'avait été présenté par notre avocat des déménagements internationaux s'est mis à me parler de la nécessité de disséquer ton ADN.

– Pardon monsieur, vous trouvez que ma marque est malade, peut-être ?

Tel un vrai docteur, le gourou ontarien m'a répondu qu'il fallait d'abord en faire l'examen avant de se prononcer. Je lui ai alors demandé :

- Êtes-vous déjà allé dans un restaurant Cora ?

– Je n'ai pas encore eu cette chance mais, ne vous inquiétez pas, j'ai travaillé sur l'ADN de dizaines de grandes marques américaines, et il est important qu'on découvre ce dont la vôtre aura besoin comme calibrage pour affronter le reste du Canada.

– Ah oui, murmurais-je pendant que mentalement mes doigts creusent une trou pour me cacher.

– On peut commencer par le diagnostic extérieur, les forces et les faiblesses, puis examiner l'intérieur. C'est un travail de quelques mois. Ensuite, on visitera des emplacements potentiels à Vancouver. À moins que nos rapports finaux nous prouvent le contraire. Vous comprenez le processus ?

– J'ai peur d'avoir besoin d'un peu plus d'informations et… vos tarifs, cher monsieur ?

Aussitôt que j'ai parlé d'argent, l'éminence, tel un escargot en costume trois pièces, s'est retiré dans sa coquille grisonnante. Il a réfléchi quelques minutes en silence puis, étirant une phalange, il m'a tendu un petit livre de son crû en suggérant que je le lise avant qu'on se reparle. Même si je ne mange jamais d'escargots, j'ai dévoré son livre. Depuis, tout un nouveau champ s'est mis à fleurir dans ma tête. Ça s'appelle le « branding », mon amour. Un mot aussi puissant que Moïse traversant la mer rouge. Un exercice rassembleur permettant de nous définir correctement. Ça ferait un beau projet d'écriture.

Le « branding », Soleil, aime-tu ce titre ? Le « branding » est devenu mon passe-temps favori, parce que ça consiste à choisir la laine avec laquelle on tricote nos relations avec nos clients. Le « branding », c'est d'abord un travail d'auto examen, un ouvrage de perception, de choix d'importance et de communication de valeurs. Le « branding », c'est probablement le ruban qui enrobe tout : toi, le concept, moi, l'équipe, le décor et le produit. L'expert avait raison. Le « branding », c'est un exercice que l'on se doit de faire pour nous-mêmes et pour les autres, ceux de la prochaine génération de dirigeants. Cette correspondance avec toi est, à sa façon, un embryon d'exercice de « branding ». N'as-tu pas, toi aussi, l'impression que nous nous ouvrons le nombril pas mal souvent dans ces lettres ? « Est-ce qu'on peut voir le cœur par le nombril ? » me demanderait probablement Penny, ma petite-fille.

Je lui répondrais que dans un organisme vivant comme celui que nous formons, tous les organes se mélangent, tous les liquides s'influencent, et l'esprit en vient à n'avoir qu'une seule et même cohérence. C'est cela qu'il faut communiquer à nos clients : qui nous sommes comme entreprise, nos caractéristiques, nos valeurs, nos croyances, nos idées et nos aspirations. Nous le faisons tous les jours, me diras-tu. Allons, si tu veux, encore plus loin dans l'introspection. Démontrons-leur l'unicité de notre entreprise, sa différenciation et la promesse unique qu'elle peut leur faire. Ça revient à décrire ce fameux sourire de contentement de ta belle figure. Que cache-tu sous tes joues, derrière ton sourire ? C'est quand même incroyable, je t'ai créé par instinct, il y a vingt ans, et je cherche encore les mots pour te présenter correctement au monde.

Ne sois pas triste, mon chéri : nous sommes sur le bon chemin maintenant. Je veux aussi savoir comment ça se passe dans la tête de nos clients. À la maison, lorsqu'ils songent à sortir déjeuner, qu'est-ce qu'ils se disent ? Comment choisissent-ils leur resto ? Comment nous choisissent-ils ? J'ai besoin de savoir ce que nos clients pensent de l'expérience Cora. Comment la qualifient-ils ?

Je sais que ce qui amène les clients chez nous, ce ne sont pas seulement les repas, ni la publicité, mais ce qu'ils ressentent pour nous, pour qui nous sommes et pour où nous allons. Même excellent, le produit n'est plus suffisant pour attirer les consommateurs. Ils veulent sortir, expérimenter, être divertis et vivre des expériences mémorables. De nos jours, ils ont tellement le choix : ils sont bien informés, sélectifs et exigeants. Grâce à eux, nous devons chaque jour nous surpasser. C'est une aventure très excitante qui nous oblige à évoluer constamment et à ne jamais rien prendre pour acquis. Il y a quelques semaines, en visitant nos restaurants des provinces atlantiques, je demandais justement aux employés de service ce que les clients pensaient de l'expérience Cora. « Délicieuse », m'ont-ils répondu tout de go, « unique, agréable, réconfortante, honnête et dépassant leurs attentes ». Dans l'avion de retour, j'avais les pectoraux gonflés, je t'assure ! Mais je sais aussi que c'est à chaque jour, dans chacun des 130 restaurants de la chaîne, pour chaque client et à chacune de ses visites que nous devons exceller. Ce seul défi m'empêchera de vieillir.

Nos équipes sont vaillantes et vigilantes malgré l'énormité de la tâche devant elles. Elles sont concentrées sur nos défis et elles avancent même si nous ne pouvons jamais être certains d'être, à chaque fois, les meilleurs. Elles écoutent, sont alertes, veulent prendre conseil et s'instruire davantage. Ensemble, nous n'oublions jamais notre responsabilité de chef de file : montrer la voie par l'exemple ; continuer et ne jamais abandonner. Comme disait Einstein : « La vie est comme une bicyclette, il faut avancer pour ne pas perdre l'équilibre. » Je trouve cette phrase renversante. Parce que c'est justement une sorte d'étrange et inexplicable réflexe d'avancer qui m'a fait moi-même dépasser plus de cent restaurants. J'ai tant de fois vacillé sur ma bicyclette, quittant le bureau complètement abattue, tantôt par une fermeture imminente et incontournable, tantôt par une ouverture qui n'en finissait plus de retarder. Découragée par la légèreté de certains prétendus fournisseurs ; par leur manque de courage ou par certains systèmes de valeurs tout troués. Il y a souvent une montagne de difficultés qui nous attend au tournant ; il faut donc être vigilants. Lorsque le chef faiblit, ce sont les globules rouges de l'entreprise qui s'esquivent tranquillement. Même si la pelure est encore luisante, à l'intérieur la chair et les noyaux se vident de leur substance. Pas surprenant que les façades commerciales finissent par changer de parures aussi souvent que les tops modèles ! Un jour, vous y acheter des souliers de rêve, et le lendemain, on y vend des planches à neige aérodynamiques. En affaires, et surtout dans un réseau de franchises comme le nôtre, ça ne suffit pas d'être intéressé au projet. Ça ne suffit pas non plus d'avoir investi une bonne somme d'argent. En affaires, il faut s'investir soi-même, il faut accepter d'être vissé à la bicyclette et pédaler sans relâche. Pédaler à chaque jour, jour après jour, pédaler dans le soleil et pédaler dans la tourmente comme des esclaves acharnés le feraient devant une potentielle liberté. Je suis certaine qui si l'expert ontarien avait procédé à l'examen de mon propre ADN, c'est ce caractère enragé qu'il aurait trouvé en moi : enragée de réussir, engagée jusqu'à l'os et concentrée sur mon commerce comme si c'était la seule chose vivante ici-bas susceptible de me sauver. « Ça l'est, monsieur », lui répondrais-je, et il me considérerait sûrement comme gravement atteinte.

Je le suis, affectée par l'entreprenariat depuis de nombreuses années. Je le suis, envoûtée par toi, mon cher Soleil. Depuis nos débuts. Je le suis, vissée à l'entreprise, collée sur ses murs et emprisonnée dans son esprit. Je sais que même lorsque je ne serai plus rien d'autre qu'une évocation, j'entendrai encore le murmure de nos deux cœurs s'égayant ensemble.

PS : Ne t'énerve surtout pas, amour de Soleil, car je n'ai pas l'intention de quitter de si tôt cette terra incognita foisonnant de stimulants défis.

LETTRE 10

C'est quoi un Cora?

Merveilleux Soleil,

Je ne me souviens plus quand c'est arrivé, quel matin, ou peut-être en plein midi, ou un soir alors que nous allions tous ensemble, avec les employés, manger une pizza pour fêter une journée exceptionnelle. J'aurais dû noter cet instant où il nous est devenu évident que toi, Soleil, tu étais notre grand patron à tous. Était-ce au deuxième ou au quatrième restaurant ? Je ne pourrais le dire, mais ce dont je me rappelle, c'est que tous ensemble, presque le même jour, nous nous sommes mis à parler de toi comme d'une véritable entité. Comme les planètes autour du soleil, tout s'est mis à vibrer en ta présence. Tout ce qui te concernait, la nourriture, les équipements, le décor, le service et l'accueil des clients, tout s'est revêtu de la plus sublime des importances. J'avoue qu'aujourd'hui encore, je cherche à comprendre comment tu as su, à ce moment béni, émerger du chaos d'enthousiasme que nous formions et t'imposer aussi drastiquement à la conscience collective de notre groupe. Comment as-tu pu, si rapidement, attirer une aussi grosse famille de définitions et de préceptes ? Comment as-tu pu nous séduire en quadruplant l'importance de nos tâches ? Comment as-tu fait pour nous enchaîner, consentants, à autant de jours, de mois et d'années de travail assidu ? Où as-tu trouvé la capacité de nous transformer en soldats aussi courageux et performants ? Quelle est cette grâce qui t'habite ? Ce dieu en toi qui déroule la route à mesure que nous avançons ? Je n'ai plus de mots pour essayer de comprendre la générosité de ton intervention dans nos vies.

Suite à ton arrivée parmi nous, tout s'est transformé. Nous ne pouvions plus rester coincés dans nos cocons car le risque de passer à côté de quelque chose de plus grand que nous-mêmes est devenu plus intolérable que celui de plonger, tête première, dans l'aventure que tu nous inspirais. Nous avons tous voulu appartenir à ton aura, apprenant ceci et cela, pratiquant à outrance et ne perdant plus une seconde du temps donné pour nous améliorer. C'est dans cet état d'esprit bouillonnant que nous a trouvés la jeune fille qui voulait acheter une franchise. Certains jours, je pense que c'est toi-même, cher Soleil, qui a incité la Providence à nous l'envoyer. Tu l'as fait parce notre effervescence avait drôlement besoin d'une direction pertinente. Ce que le franchisage nous a apporté sur un plateau : une solide façon de faire notre métier de dirigeants de réseau à succursales multiples. Nous nous sommes conformés avec ardeur, dépassant nos propres limites et dépassant nos ego afin d'inspirer notre monde à croire en une réalité encore invisible à l'œil nu. C'est encore aujourd'hui notre responsabilité de leaders de définir cette réalité à mesure qu'elle évolue et prend de l'âge. C'est à nous de continuer d'avancer, à nous d'assumer la charge, d'aider les gens à se développer, à nous de comprendre les relations avec nos semblables, à nous d'être dignes de confiance et responsables.

Il arrive qu'on nous traite de chanceux de réussir. Ça m'enrageait tellement à nos débuts quand j'étais à moitié morte de fatigue. Aujourd'hui, je me dis que peut-être ces bavards ne sont pas toujours équipés pour saisir la lourdeur du cadeau que nous portons dans nos cœurs.

– C'est quoi Cora ? me demande une petite fille dont la mère est étendue dans le sable blanc de Riviera Maya, juste à côté de ma grande serviette jaune identifiée Cora.

– Cora, c'est une chaîne de restaurants.

– Combien de restaurants, madame ?

– Cent trente ! lui répondis-je en faisant sursauter son père caché derrière la dernière édition du magazine Commerce.

– Qu'est-ce qu'on mange dans vos restaurants ? demande l'enfant.

– Des déjeuners et des repas du midi.

– Juste des déjeuners ! conclut la petite

– Oui.

– Pourquoi ?

– Parce que c'est comme ça.

– Ah bon !

– Juste des déjeuners ? demande maintenant le père dont la figure est dégagée.

– Eh oui ! On ne peut pas être les meilleurs dans tout.

– Et vous êtes les meilleurs en déjeuners ?

– De quel pays venez-vous au juste ?

– De Rouyn-Noranda, madame. On est nés là-bas.

– Ah bon ! lui répondis-je.

– Travaillez-vous juste le matin ?

– Non monsieur. Je travaille vingt-quatre heures par jour, même ici dans le sable.

– Bof ! Ce n'est pas vrai votre histoire ! murmure le paternel en replongeant dans son magazine.

L'homme a raison. Ce n'est pas vrai que je travaille : je vis ma passion, une passion dévorante.

LETTRE 11

L'imagerie Cora

Je me souviens, à nos débuts, sous nos habits de candides restaurateurs, nous étions des fous braques réagissant à la moindre demande pour faire plaisir au monde. Parce que nous étions pauvres, nous avons dû fouiller en nous-mêmes pour nous en sortir; et faire les choses autrement parce que nous n'avions pas les moyens d'être comme tout le monde.

CORA

C'est encore moi, cher Soleil

J'avoue que les spécialistes nous ont pas mal brassé la cage depuis que nous sommes en franchisage. Je dirais même que, depuis l'arrivée de la fonction marketing dans nos vies, nous subissons un entraînement de champions. Sondages, analyses de marché, focus groups, épuration, améliorations, branding, et j'en passe à propos de tout ce que nous devons endurer pour devenir une grande marque. Heureusement que c'est notre désir le plus cher. Des fois, nous me faisons penser à des poules sauvages est en train d'apprendre à pondre des œufs marbrés. Mais ne t'inquiète surtout pas, je suis avec toi, et je surveille ces experts. Je ne les laisserai pas nous déplumer sans vergogne. J'insisterai toujours pour que le festin demeure appétissant, coloré, délicieux et réconfortant. Depuis vingt-trois ans, nos produits et notre service ont été non seulement de première qualité mais différents et innovateurs. Notre nourriture a piqué la curiosité de milliers de consommateurs, leur inspirant le plaisir de bien manger et le confort d'une chaleureuse atmosphère familiale. Je me souviens, à nos débuts, sous nos habits de candides restaurateurs, nous étions des fous braques réagissant à la moindre demande pour faire plaisir au monde.

Chère image de marque, cher concept, toi et ta garde-robe composée d'illustrations graphiques très originales, j'espère bien que vous allez vouloir garder votre style si unique en vieillissant. Vous plaisez à tout le monde, vous le savez déjà. Enfants, hommes ou femmes, venant de toutes cultures, jeunes ou vieux, personne ne demeure insensible à votre poésie étalée sur les murs. Ils aiment votre simplicité, votre jovialité, et la confiance que vous leur inspirez. Ce n'est pas sorcier notre histoire : depuis le début, nous nous démarquons parce que nous n'avons jamais accepté de nous contenter de l'ordinaire. Ne soyons pas si modestes. Acceptons le fait que, depuis vingt ans, nous ayons redéfini l'expérience du déjeuner non seulement au Québec, mais dans tout le pays. Oui, mon chéri, nous sommes devenus les leaders de la catégorie, comme disent les experts. C'est une lourde tâche, je le reconnais : porter sur nos épaules la responsabilité du ravissement matinal de tout un grand pays. N'est-ce pas exaltant ! Nous pouvons compter sur notre intelligence du métier, sur notre expérience et sur l'inépuisable enthousiasme que nous inspire notre objectif. Vous vous souvenez de « BREAKFAST PEOPLE OF AMERICA » ? La compagnie que nous avons formée et enregistrée un jour que nous rêvions de l'Amérique toute entière. Eh bien, cher complice, nous nous en approchons. Ensemble, nous sommes en train de devenir CES GENS DU DÉJEUNER EN AMÉRIQUE.

Vous vous souvenez du premier menu, des mots que nos pauvres clients devaient déchiffrer à travers les tomates dessinées, les ailes d'oiseaux, les abeilles butinant dans les tulipes, juste en bas des plats de fruits. Je me demande encore comment ils ont fait pour accepter de tels fouillis, même s'ils étaient créatifs ? Je me souviens pourtant de leurs yeux, délaissant la page et dévorant tel ou tel montage de fruits extravagants. Je me souviens de leurs têtes pivotant sur elles-mêmes au passage des assiettes, de leurs narines humant les arômes de nos plats. C'est ce qui nous a nourris. Toutes ces expressions de contentement que nous avons vues et entendues. Ce sont elles qui nous ont appris ce que nous devions faire pour réussir. Ce sont nos clients qui ont fait de nous des passionnés du déjeuner !

Déjà, le deuxième menu fut beaucoup plus facile à lire. Les titres des plats étaient dessinés en lettres majuscules, et leurs descriptions écrites en plus petit. Les illustrations étaient plus belles et encore plus porteuses des émotions que j'y cachais. Évidement, comme c'est à force de forger qu'on devient forgeron, ma calligraphie, elle aussi s'améliorait efficacement. Tellement qu'elle m'obligea à tout dessiner et écrire moi-même durant les premiers dix ans, jusqu'à ce qu'on fasse faire une fonte typographique de mon écriture et, plus tard, une autre des majuscules et des petits dessins habituellement incrustés dans les mots.

Hourra ! me suis-je dis en voyant le résultat. Je peux maintenant mourir tranquille ! Des graphistes engagés utiliseraient les fontes à l'ordinateur pour écrire exactement comme moi nos publicités, nos menus, et tout le matériel promotionnel. J'ai pourtant insisté pour dessiner moi-même les pancartes sur les murs pendant de nombreuses années, jusqu'à ce qu'on trouve un moyen technique pour les reproduire grandeur nature, colorées, découpées et prêtes à être installées dans le resto.

Tu m'as vue, cher Soleil, lorsque je me suis installée pour dessiner une pancarte la première fois ? C'était dans le premier Cora, quelques semaines après ma fameuse décision de nous concentrer sur le déjeuner. On avait échangé la friteuse, le steamer pour les hot-dogs et la grille à hamburgers contre une immense plaque de cuisson usagée venant des chantiers de la Baie James. Le brocanteur avait exigé 500 $ comptant, incluant la livraison et l'installation. Je lui ai offert 300 $, et il a accepté. J'étais folle de joie, la tête remplie de fleurs qui me sortaient par les oreilles ! Je devais rapidement remplacer les écriteaux de poutine, de club sandwiches et des autres horreurs brunâtres que servaient les casse-croûte à cette époque. J'imaginais des bouquets plein les murs pour annoncer nos nouvelles crêpes et nos belles assiettes de fruits frais.

– Totalement impensable d'imprimer un vrai menu ! avait déclaré ma Julia qui, elle, comptait les caisses et équilibrait recettes et dépenses chaque semaine dans son cahier d'étudiante.

- J'ai compris ! ai-je répondu en contemplant notre boui-boui pas plus grand qu'une sacristie de paroisse pauvre.

– T'as qu'à remplacer les affiches de hot-dogs par des pancartes de belles crêpes !

– Génial ! Je cours acheter du papier !

Pendant toutes ces années où j'ai activement travaillé dans l'entreprise, j'ai toujours eu la même réaction d'extrême bonheur à chaque fois que nous découvrions, moi-même ou quelqu'un d'autre, une nouvelle façon d'améliorer les choses. N'importe quel nouveau détail avait la capacité de faire grimper mon enthousiasme au zénith : une nouvelle façon de couper un fruit, un nouveau produit meilleur que celui que nous utilisions déjà, une nouvelle recette, une spatule plus performante, un fruitier plus génial que les autres, un nom inusité pour un plat.

C'est dans cet état d'esprit exalté que je suis revenue de chez le marchand d'accessoires de bureau avec trois boîtes de différents crayons feutres colorés et une vingtaine de grands cartons lustrés, blancs. Pour la première fois, j'ai dessiné SPÉCIAL CORA dans un cœur bordé de dentelles, BAGEL CREAM CHEESE avec trois ronds de bagels attachés les uns aux autres, comme des anneaux olympiques picotés de graines de sésame, SPÉCIAL JO TABAH avec une petite tête de cochon dans le O, et le fameux BONJOUR avec un petit oiseau à la place du point sur le J.

Ne dit-on pas que la nécessité est la mère de l'invention ? Les pancartes sorties d'entre mes doigts étaient magnifiques et appétissantes. Remplies de couleurs attirantes, elles ressemblaient à des bouquets de fleurs plantés dans nos murs.

Même si j'avais dessiné un menu aussi original que les pancartes dès l'ouverture du troisième restaurant, nous n'avons jamais abandonné l'idée des illustrations sur les murs. Au contraire, leur présence dans nos restos est devenue un élément distinctif inusité, original et quasiment impossible à imiter. Tous les personnages de l'imagerie Cora, en commençant par toi, mon unique Soleil, la grenouille Kiwi, Ben et Dictine, Rita, Marco, Annie, Jo Tabah, Lucie la framboise, la poule, les oiseaux, le cochon, et tous les autres sont devenus eux aussi des entités vivantes et significatives.

Incapable à mes débuts de l'articuler, je réalise aujourd'hui que j'ai aussi créé le logo Cora, sa garde-robe de sortie, et le protocole de ses apparitions en public. Je t'ai affublé de telle façon qu'on te voit venir de loin et qu'on reconnaît presque qu'immédiatement tous les sujets de ta cour. En regardant aujourd'hui l'imagerie Cora, je ne peux que me réjouir du talent de mes mains hérité de ma défunte maman. Sans contredit, mon adoré Soleil, je dois admettre que, dès le début, il y avait en moi un instinct maternel capable de créer tout ce dont le poupon aurait besoin pour grandir.

Je dessine encore aujourd'hui, pour m'amuser. Pendant les présentations ennuyantes, les offres de service inutiles, les colloques redondants ou en toutes autres circonstances où mon esprit a besoin de divertissement pendant que ma tête est obligée d'endurer. Je suis si peu polie des fois que je fais honte à mon monde ; je le sais. Mais ce n'est pas toujours facile de vivre avec l'envahissante capacité de faire cinq ou six choses en même temps. Lorsqu'une personne comme ça est forcée de s'immobiliser dans une seule interaction et que celle-ci n'est pas très captivante, elle lève les feutres, elle s'accroche ailleurs, c'est instinctif. Moi, je dessine.

LETTRE 12

La créativité

Tout ce que vous pouvez faire ou rêver de pouvoir faire,
entreprenez-le car l'audace est faite de génie,
de pouvoir et de magie.

GOETHE

Soleil savant,

Sais-tu d'où me vient cette étonnante créativité qui n'a jamais cessé d'être là, omniprésente dans ma vie ? Pourquoi ne me suis-je jamais contentée de la réalité telle qu'elle se présentait à moi ? Pourquoi ai-je tout voulu transformer ? Réinventer ? Est-ce par esprit de contrariété, par prétendue obligation ou par réel besoin de m'exprimer autrement, de me recréer différemment ? Depuis que je sais écrire, j'ai recréé ma réalité dans le quatrain puis dans le poème et, à l'adolescence, dans mon journal intime. Mariée, ce fut avec la couture. Coudre pour mes marmots des salopettes amusantes, des chemisettes d'artistes à encolures brodées et des petits manteaux, confectionnés dans de vieux tissus recyclés, aussi jolis que ceux des riches. Devenue restauratrice, c'est avec mes nouvelles associations d'aliments que je surprends nos clients. En mélangeant deux denrées usuelles pour en former une troisième tout à fait nouvelle. Puis, devenue femme d'affaires par la force des choses, j'ai inauguré une nouvelle catégorie dans l'industrie : les restaurants de déjeuners ouverts de 6h à 15h. Des établissements servant uniquement des déjeuners et des repas du midi de style brunch, sans alcool, sans friture et sans grand décorum.

Ma fille m'a fait remarquer un jour que devant une opportunité ou une difficulté, au lieu de trouver une réponse, j'invente un nouveau contexte : je change le paradigme. Ainsi, au lieu de rivaliser avec les milliers de casse-croûte déjà existants, les enfants et moi avons créé notre propre créneau, un nouveau genre d'établissements de restauration que les émules aujourd'hui reconnaissent et imitent à profusion. Qu'est-ce qui se passait dans ma tête, à chaque fois que j'avais besoin d'épater un client ou, tout simplement, de lui faire plaisir ? Je cherchais toujours quelque chose de nouveau ; examinant tout ce que nous avions déjà à notre disposition, essayant de nouveaux assemblages, ajoutant un élément, cuisant autrement ou présentant différemment dans l'assiette. Je ne me contentais jamais de l'ordinaire. J'étais motivée par le plaisir de créer et l'immense joie de ravir une figure affamée. Personne n'avait fait manger des épinards aux Québécois pour déjeuner avant que je décide de les incorporer à mon mélange à crêpes du matin. Je me souviens de Nicholas prédisant que cette idée de crêpes aux épinards et fromage cheddar ne passerait jamais. Pourtant, après y avoir goûtées, les clients en raffolèrent. Un coup sorties de mon imagination, mes nouvelles créations étaient extrêmement logiques. « Comment ne pas y avoir pensé ? » me disaient souvent certaines clientes amusées en renchérissant avec leurs nouvelles suggestions à essayer absolument. J'adorais ces genres de défis. Profiter des framboises fin juillet ou du premier sirop d'érable avant même que les bourgeons se soient montrés sur les branches. J'avais toujours une surprenante réplique aux désirs de nos clients. J'adorais les écouter parce que, bien souvent, c'est de leurs bouches que sortait l'élément qui allait me servir à transformer l'ordinaire en extraordinaire.

C'est incroyable, je me souviens : en entendant leurs paroles, je voyais des images, des métaphores, des associations d'idées soudainement possibles à matérialiser. Bien souvent, je dessinais au lieu de parler pour expliquer une idée. De cette drôle d'habitude me viennent tous ces dessins, toutes ces illustrations tapissant nos murs, nos menus et nos documents promotionnels. J'ai toujours eu des oiseaux sautant dans ma tête, des fleurs, des poules ou des grenouilles me tenant compagnie, cherchant avec moi la solution à un problème ou l'accompagnement magnifique d'un nouveau pain doré. J'ai cherché de nouvelles significations, de nouvelles formes, de nouvelles façons de plier une crêpe ou de garnir une omelette. J'ai d'instinct toujours su qu'en fouillant davantage, je dépasserais l'apparence actuelle du conventionnel.

Le fait de travailler avec ma fille a aussi grandement stimulé ma créativité. Julia était aussi mordue que moi de nouveautés et, ensemble, sans gêne, nous puisions dans notre imaginaire comme des enfants qui croient encore que tout est possible. Parce que nous le croyions, ça le devenait. Étions-nous si spéciales ou particulièrement talentueuses ? Je ne le pense pas. Nous avions juste décidé de croire que l'univers est rempli d'idées, illimitées, gratuites et tellement attirantes. « Plus on en cueille et plus il en reste dans le champ », nous disions-nous dans le temps. On jouait à prétendre que pour chaque chose, des centaines de formes différentes pouvaient exister, des centaines de façons de faire, des centaines de possibilités. On ne nous apprend pas ça à l'école : voir ce qui ne ce voit pas, imaginer l'inimaginable. On ne nous apprend pas à penser différemment, ni à réagir autrement. Ainsi, nous nous croyons obligés de faire comme tout le monde, au lieu d'apporter de l'originalité et de la diversité à notre belle industrie. On se copie les uns les autres depuis tant de lunes que c'en est immensément triste. Copier, c'est renoncer à notre unicité et à l'occasion de découvrir son potentiel. C'est aussi se priver du plaisir d'une authentique expression de soi.

Quelque part, à force d'écouter la Providence, la petite voie, les anges et tous les saints du ciel, j'ai découvert qu'ils étaient tous à ma disposition pour m'aider et j'ai appris à compter sur eux. Je sais qu'ils sont là, qu'ils ont les bras chargés d'idées, de possibilités et de nouveautés, toutes pour moi lorsque j'en ai besoin. Je n'ai rien inventé de nouveau. Je me suis juste servie de ce qui était là, disponible par-delà l'ordinaire. J'ai mélangé différemment, présenté autrement tellement souvent que c'est devenu la règle, le modus vivendi d'une nouvelle façon de faire faire notre métier. J'ai modifié la décoration des établissements, diminué les heures d'ouverture, reformulé la nomenclature des postes de travail et fait migrer le patron archaïque en premier serviteur de l'entreprise.

La créativité a nourri toutes ces années mon insatiable besoin d'expression. Plus je dessinais et plus je voulais dessiner. Plus j'épatais mes clients et plus je voulais les épater. Ainsi, afin d'être toujours prête, je me mettais en disposition comme j'expliquais aux enfants. Ne perdant plus une seule minute pour tout consacrer à mon œuvre. Je dévorais tous les livres pertinents à mes petits déjeuners, les articles de journaux parlant d'alimentation et les superbes magazines de nourriture à mesure que j'avais le moyen de les acheter. J'allais, des soirées entières, à la bibliothèque de l'Institut d'Hôtellerie, consulter les précieuses encyclopédies et les dictionnaires hors de prix. J'engrangeais le plus d'informations possible dans mon vaste réservoir imaginaire. Quasiment excessive, j'empilais les idées, je notais les plus immédiates à utiliser, et toujours, je revenais au bercail avec une nouvelle liste de livres urgents à connaître, glanés dans les précieuses bibliographies d'ouvrages de cuisine. J'étais possédée par mon concept, obsédée par chacun des plats au menu, par chaque détail, par chaque cuillérée de nourriture s'avançant vers la bouche d'un client. Je surveillais la moindre réaction, le repli d'une lèvre, le soulèvement d'un sourcil. Absolument tout était de la plus grande importance pour moi. Je m'informais continuellement, parlant aux clients, sondant la cervelle des gens de service, les rendant fous bien souvent avec mon exaspérante passion de vouloir aller toujours plus loin. Je savais qu'une force extérieure à la mienne travaillait dans ma tête, manipulant l'information, la réorganisant et se préparant à m'inspirer de nouvelles avenues de ravissement. J'en étais si convaincue que lorsqu'il m'arrivait de traverser un désert, une absence totale d'intuition, je passais à autre chose, vaquant au ménage, aux horaires, ou à la recherche d'une nouvelle sorte de laitue. J'attendais que la force se manifeste, qu'elle soit à nouveau prête à me surprendre. Elle ne m'a jamais déçue. Dieu merci, le cerveau n'est pas un muscle qui se fatigue : plus on l'utilise et plus il performe.

Je sais que tout le monde a des idées et des meilleures que les miennes, je te l'assure. Mais, la plupart du temps, les gens se contentent de les énoncer, d'en jaser entre amis et de recueillir quelques compliments pour leur esprit. La différence avec moi, c'est que j'ai été obligée d'en exécuter quelques-unes pour survivre. Tout a commencé ainsi pour moi, en m'engageant corps et âme dans la réalisation de mes idées. Certes par obligation au début, mais par la suite par pur plaisir de m'exprimer. Ce faisant, j'ai aussi découvert qu'il n'y a pas seulement la réalité que l'on peut modifier, il y a aussi notre propre construction, l'intérieur de notre centrale gouvernante. Il est possible de transformer la paresse en vaillance, tout comme il a été possible de changer ma propre perception d'artiste désordonnée en celle d'abeille disciplinée. J'ai arrêté de croire en ce qui ne fait pas avancer mon travail et j'ai réalisé que c'est l'attitude mentale positive qui assure le succès. Je me suis moi-même recréée en ce qu'il fallait être pour réussir. Aujourd'hui, lorsqu'on m'invite à parler en public, et lorsque je compare la créativité à un œuf, j'explique aux jeunes entrepreneurs qu'il faut, à chaque jour, pondre son œuf. À chaque matin, lorsque l'orteil touche le sol, il faut se recréer en la personne la plus passionnée et la plus compétente pour l'entreprise.

Tout est encore à inventer, à remixer et à transformer. Tout change et rien n'est jamais complet ; l'univers lui-même est immense possibilité. Voilà ce que je me dis en me levant chaque matin. Il y a constamment de nouveaux raccordements à faire entre les choses et entre les idées. Ça n'arrête jamais. Surtout pour une personne aussi curieuse que moi. La cuisine, la vaisselle, la décoration, les couleurs, l'écriture, les dessins, toutes ces choses s'activent dans ma tête comme une armée de fourmis dans une jarre à biscuits. À mes débuts, j'appelais grâce d'état cette surprenante énergie de tout vouloir apprendre et redéfinir. Aujourd'hui, je sais qu'elle se nomme aussi créativité. J'accepte qu'elle me transforme en chercheuse enragée, refusant de s'encabaner dans le statu quo usuel. Les enfants disent encore que je suis impossible à arrêter, impossible à satisfaire. Les pauvres petits, peut-être pensent-ils que je souffre. Peut-être n'ont-ils pas encore compris tout le bonheur que je ressens à être ainsi. Je ne le peux pas mais je voudrais tellement me rappeler de tout ce que je lis dans les livres et de tout ce que je vois dans mes virées des grandes surfaces et des marchés publics. J'ai des carottes de toutes les couleurs dans la tête même si on n'a pas encore commencé à en manger pour déjeuner.

Les enfants et moi, on a eu des milliers d'idées depuis nos débuts mais elles n'ont pas toutes survécu. C'est normal. N'empêche que la chose la plus facile à faire, c'est de tuer une idée. Ça se fait juste avec un plissement du front, un regard détourné, une main qui pousse l'air. Ça se tue sans qu'on s'en aperçoive, et il faut donc avoir beaucoup de courage pour continuer à en sortir du néant et à les présenter à nos collègues. Spécialement de nos jours, alors que ces experts, ultra formés, que sont devenus nos premiers cuisiniers, ont développé toute une artillerie pour affronter les nouvelles créations. Ils qualifient poétiquement leurs outils de torture de filtres essentiels. Ce sont en réalité de véritables passoires de contraintes à travers lesquelles doit traverser l'audacieuse nouvelle assiette avant d'arriver sur la table du client. Vous vous en doutez, l'exercice mène a des conclusions du genre : trop coûteux à acheter, trop difficiles pour l'approvisionnement, trop de manipulations en cuisine, peuvent être allergènes ou trop gras, trop salés, trop compliqués à réussir... Malgré tout, nous devons continuer de puiser dans l'armoire magique. C'est difficile, quand on a une forêt de fleurs sauvages dans la mire, de s'astreindre à ne vendre que des tulipes et des roses. Je suppose que c'est la même histoire depuis que le monde est monde. On veut conquérir, agrandir, gagner et en même temps être solide, sécurisé, et mesuré. Comment toujours surprendre en s'assurant de ne jamais être surpris ? Plus les contraintes augmentent, plus il faut travailler. On en vient à devoir ausculter dix, vingt nouvelles idées de repas avant d'en choisir une seule vaillante, à toute épreuve et malléable, comme dirait Julia Child devant sa pâte à tarte. Puis se répondre que si c'était facile, tout le monde serait en train de le faire !

LETTRE 13
L'arrivée de la compétition

Un lion qui copie un lion devient un singe.
VICTOR HUGO

Me revoici, beauté matinale,

J'ai pensé toute la soirée à cette notion de marque de commerce et je ne suis pas encore arrivée à me rappeler une seule intention mercantile que j'aurais pu avoir à ton égard en te dessinant. Probablement que ça vient du fait qu'à nos débuts, on ne pensait pas à ces choses-là. On ne connaissait rien du commerce et si peu des rudiments de l'industrie de la restauration. On n'a jamais planifié quoi que ce soit de la créativité instinctive que nous avions, ni de l'économie rigoureuse que nous imposait le manque d'argent, ni même de la générosité omniprésente dans nos agissements.

On ne pensait à rien de la sorte parce qu'on était les seuls de notre genre. Le seul petit casse-croûte québécois à avoir muté vers quelque chose de plus grandiose. Pas surprenant que personne n'ait eu l'idée avant nous de te décrocher du ciel pour s'approprier ta belle figure. Je rigole mais c'est sérieux, cher Soleil. Personne avant nous au Québec n'avait pensé à s'approprier la catégorie du déjeuner assis avec couteaux et fourchettes. En 1987, outre les deux œufs/bacon, deux oeufs/jambon, deux œufs/saucisses des snack-bars, des délicatessens, et les buffets dans les grands hôtels, il n'y avait rien de disponible sur le marché en terme de gastronomie matinale. Voilà que nous arrivons comme des poules dans un jeu de quilles, ouvrant nos ailes aux plumes colorées, nos becs prononçant des associations de mots jamais entendus, et nos têtes remplies de montagnes de fruits coupés.

Tu t'en souviens, cher Soleil, nous étions extraordinaires parce que nous étions les seuls à présenter autant de magie dans nos assiettes. Nous étions des artistes et nous exécutions nos numéros, je m'en rappelle, aussi minutieusement que les acrobates du Cirque du Soleil le font aujourd'hui. Passionnés, joyeux et généreux, nous en mettions plein la vue d'autant de couleurs matinales. Nous étions uniques, brillants, fiers, peut-être un tantinet fanfarons, adorant épater et baissant quand même la tête devant le compliment garanti.

Certes, nous livrions la marchandise promise par ton sourire. Mais, aussi compétents que nous avons été à produire des déjeuners hors du commun, aucun d'entre nous n'eut jamais été capable de reconnaître l'extraordinaire efficacité de ton *unique selling proposal* livré à chaque jour, à chaque visite, à chacun des admirateurs de ta prestigieuse effigie. Dieu merci, l'ignorance de ces notions nous a gardés assez longtemps humbles d'esprit. Je dirais jusqu'à l'arrivée dans nos plates-bandes d'une compétition honteuse initiée par une ancienne employée, une mère de famille avec ses propres enfants pris comme témoins. L'indigne avait copié presque mot à mot notre menu, nos recettes, nos procédures, et même les marques de nos principaux équipements. Voulant dissimuler son larcin, elle avait emballé son prétendu nouveau concept matinal dans des couleurs totalement différentes des nôtres ; ce qui s'avéra ma seule consolation lorsque que j'eus vent de sa trahison.

Cette chipie de copieuse a eu un effet monstre sur moi. J'étais furieuse, insultée, blessée et surprise que l'on puisse agir aussi honteusement. Je fulminais, je voulais lui arracher les yeux, mettre du gros sel dans ses sucriers, du vinaigre dans sa foutue crème anglaise. Mais je me suis calmée en écoutant mes enfants me traiter d'adolescente et, surtout, en accueillant les premiers commentaires des employés curieux ayant visité la copieuse.

– Ne t'inquiète pas une seule minute, boss, on est bien meilleurs qu'eux ! me rapporta la vaillante Caroline.

Tu l'as certainement entendue me consoler puisque presque immédiatement, tu as semé dans ma tête une idée plus grandiose que toutes tes précédentes bontés : être la meilleure ! J'y ai réfléchi toute la journée et au coucher, j'en ai conclu qu'on ne pouvait pas être la meilleure avant d'avoir eu l'opportunité de se comparer avec quelqu'un d'autre. C'était une notion tout à fait nouvelle pour moi : nous définir à partir de ce que sont les autres. Wow !

Tu me connais ! J'ai toute suite voulu exceller encore davantage : c'est devenu la mission de ma vie. C'est en ruminant ce genre de défis que l'intelligence commerciale s'est mise à germer en nous. Nous en avions besoin car toi et moi avions désormais une nouvelle obligation. Nous avions été les premiers, nous devions maintenant nous assurer de demeurer les meilleurs. Des dizaines de pensées par minute éclataient constamment dans ma tête. Comment ouvrir plus rapidement le prochain restaurant ? Comment former plus rapidement les nouveaux employés ? Comment structurer la surveillance des restos existants ? Comment mieux payer nos collaborateurs ? Comment garder la tête agile lorsqu'elle est embourbée d'autant de bonnes intentions.

L'ingrate, en copiant nos recettes, nous avait aussi ouvert les yeux sur l'importance de leur confidentialité. Nous avons donc cessé de faire faire nos mélanges à crêpes, nos crèmes pâtissières et nos sirops par les employés dans chacun des restaurants. Grâce à l'affront de la mégère, nous avons rapidement décidé de mettre sur pied notre propre atelier de production, améliorant non seulement la confidentialité de nos recettes mais aussi l'uniformité de nos produits, la standardisation des plats dans nos restaurants, et l'assurance que tous nos restaurateurs utilisent les mêmes produits. Sans compter le balayage officiel de tes rayons par un professionnel en vue d'apposer ta jolie figure sur chacun des produits emballés qui allaient désormais être livrés dans nos restaurants. Tu commençais juste ta vocation identitaire. Et nous, les employés, les enfants et moi-même, avancions bravement vers un tout nouveau champ de bataille sur lequel nous découvririons que la victoire n'allait pas seulement dépendre de notre nourriture mais aussi de notre compétence à créer et opérer un système d'exploitation solide, réfléchi et efficace. Nous reproduire d'une fois à l'autre par le biais du franchisage allait devenir un rigoureux processus de développement assurant la qualité de nos opérateurs, de nos emplacements et de nos prévisions. En 1993, une nouvelle épopée débutait, et toi, mon Soleil, tu allais, encore une fois, en être le capitaine. À force de tous vouloir te ressembler, nous sommes devenus plus compétents, disciplinés, fiables et tenaces. C'est quand même incroyable la place que tu as occupée dans nos rangs pendant toutes ces années de combat. En étant toi-même la somme de tous ce que nous étions, tu nous as convaincus que nous devenions l'équipe non seulement la plus vigoureuse mais aussi la plus performante.

Nous avons évolué ensemble, délaissant ceci et ajoutant cela au concept. Lorsqu'il est devenu évident que ta figure signifiait un bon repas, nous avons enlevé le couteau et la fourchette suspendus à tes rayons. Puis lorsqu'on est arrivé chez les anglophones, on nous a conseillé de retirer le « chez » de ton image pour ne pas que ça fasse trop français nouvelle cuisine ou trop Québécois. Même si je pense qu'on a eu tort de le faire, on l'a fait et finalement, par souci d'universalité, on a juste gardé le nom Cora avec ta figure comme logo. Paf ! Le mariage parfait : moi qui pousse, toi qui avance sur la ligne de front.

Ces satanés compétiteurs : ils nous ont tellement contrariés à leurs débuts lorsqu'ils se sont mis à sortir du sol dans nos plates-bandes, tels des champignons vénéneux. Je voulais les piétiner avec mes grosses bottes, arroser de tue-mouches surtout ceux qui avaient copié notre menu mot à mot et la décoration en installant chez eux exactement les mêmes poules que nous utilisions, assises sur la paille dans des cages de bois. J'étais insultée. Le plus douloureux pour moi fut de constater que, comme la première chipie, les patrons de ces nouveaux établissements avaient pratiquement tous étudié chez nous. Encore une fois, je me suis sentie trahie par ceux que j'avais aidés.

Dieu merci, en enlevant mes oeillères, j'ai vite constaté que presque partout dans le commerce, les bonnes idées se font copier. Je me suis alors faite à l'idée qu'une foule de nouveaux entrepreneurs allaient eux aussi décider que c'était plus facile d'ouvrir une espèce de Cora sans le nom que de se casser la noix pour inventer quelque chose de nouveau. Nous n'avons encore jamais compté le nombre de ces bannières Coco-Quelque-Chose mais nous savons pertinemment bien que la plupart de nos cinquante-cinq établissements du Québec en a au moins deux, trois, parfois même quatre dans leur entourage immédiat. Je me suis aussi souvenu des phrases de John D. Rockefeller sur la compétition, phrases que j'avais recopiées sur un feuillet dans le livre In The World of Great Leaders. À savoir que les compétiteurs les plus dangereux ne sont pas ceux qui gouvernent des entreprises solides, intelligentes et conservatrices, mais bien ceux qui se sont improvisés, ceux qui ne maîtrisent pas leur système d'opération, ou ceux qui n'en n'ont pas ; ceux qui désespèrent rapidement et sont prêts à tout faire pour attirer des clients. En se raccrochant à de petits gains immédiats, ce genre d'opérateurs cause un tort énorme à l'industrie. Ils déstabilisent les échelles de prix, les coûts de production et, finalement, les marges bénéficiaires. C'est une faible consolation de réaliser que j'avais les mêmes appréhensions que le fameux Rockefeller à son époque.

J'avais pourtant vu juste en matière de nouvelles tendances. Aujourd'hui, je me dis que mon focus sur les petits déjeuners a créé une demande bien supérieure à notre capacité de servir tous ses adeptes. J'énervais mes enfants avec cet article que j'avais lu dans le Harvard Business Review sur le grand patron de Burger King. Le texte racontait comment, chaque matin, l'homme se levait avec une seule idée en tête : dépasser McDonald.

– Nos compétiteurs ont cet avantage sur nous, leur répétais-je.

Ils ont ce brûlant désir de nous ressembler le plus possible et de nous surpasser. Cette constatation a été comme une poussée d'énergie dans nos veines. J'ai moi-même arrêté de les regarder pousser et je me suis concentrée à progresser encore davantage, à avancer dans toutes les provinces canadiennes et à me mêler uniquement de mes affaires. L'ennemi a fondu dans ma tête, et la frustration a été remplacée par la gratitude. Grâce à nos multiples compétiteurs, nos lauriers se sont transformés en cactus piquants. Grâce à la compétition, nous sommes entrés dans les ligues majeures. Nous n'arrêtons jamais d'avancer, et tous les membres de nos équipes ont la même mentalité. Nous surveillons tout, en permanence, jusqu'au moindre détail affectant nos opérations, lisant toutes les publications spécialisées, allant à tous les congrès d'affaires importants et visitant tous les salons alimentaires. Nous sommes continuellement à l'affût. Notre position de leader de la catégorie fait de nous celui qui dicte la règle, et nous avons la générosité de continuer à faire progresser l'industrie même en sachant que nous le faisons pour tout le monde. Nous savons que nos nouveautés deviendront à brève échéance celles de nos compétiteurs mais nous continuons à perfectionner le concept pour en faire bénéficier le plus de monde possible. C'est l'amour avec un grand A qui nous aide si généreusement.

LETTRE 14

Une mission d'entreprise

Être le leader international des spécialités de déjeuners
en offrant à notre clientèle une nourriture
et un service de première qualité
dans une chaleureuse atmosphère familiale.
CORA

Mon bel astre,

Avec l'arrivée du franchisage et de toutes ses exigences organisationnelles, la famille s'est enrichie de plusieurs nouveaux talents venus d'ailleurs, et il nous est apparu évident qu'il fallait rassembler nos intentions, nos valeurs et nos objectifs afin de trouver une façon de les communiquer plus officiellement à la jeune équipe corporative en formation. Nous avons donc, avec l'aide d'un consultant en missions d'entreprises, commencé à travailler sur la formulation de l'esprit guidant la lettre, des valeurs motivant nos décisions et, surtout, de la direction que nous voulions prendre pour progresser. Les très sérieuses réunions eurent lieu à raison d'une journée par mois pendant une année. C'était presque de la folie pure de ma part d'entreprendre ce genre de travail spécialisé alors que nos moyens étaient aussi limités. La preuve, c'est que j'ai caché aux enfants que ça coûtait trois mille dollars par rencontre. Les vaillants poussins apprendront la vérité en même temps que toi, cher Soleil, et que vous, chers lecteurs, en lisant cette lettre. Douze rencontres à trois mille dollars chacune équivalaient à l'époque au loyer annuel d'un restaurant. Pour les enfants, je suis certaine que ça équivalait aussi aux centaines de jours de congé durant lesquels je les obligeais à travailler pour économiser. Mais j'insistais. « Il nous faut une mission », me répétais-je intérieurement. Il nous fallait un énoncé comme ceux des grandes entreprises que je visitais dans les rayons de la bibliothèque des HEC. On travaillait d'arrache- pied, et ça ne risquait pas de nous nuire que de nous brasser les neurones. J'ai donc invité quelques proches collaborateurs à se joindre aux enfants, et nous avons débuté les rencontres avec le spécialiste. Nous étions tous très animés pendant les séances avec monsieur Shereck. Moi la première, m'opposant aux ambitions trop audacieuses des enfants. Je pense que j'essayais de freiner leurs enthousiasmes devant l'opportunité d'avoir enfin raison sur quelque chose devant le consultant. Ils avaient l'avenir devant eux et, comme leur maman, ils refusaient de se contenter de banalités.

Après avoir passé les quatre ou cinq premières réunions à raconter nos histoires et à nous mettre d'accord sur la définition des mots et sur la teneur des objectifs choisis, nous avons commencé à verbaliser clairement ce que nous voulions. Le consultant a inscrit des dizaines de phrases sur le tableau avant que nous arrivions à en formuler une qui représenterait exactement le but pour lequel tous nos employés et nous-mêmes allions travailler. C'est vers la septième rencontre que nous nous sommes mis d'accord pour cet énoncé qui est encore aujourd'hui très pertinent : Être le leader international des spécialités de déjeuners en offrant à notre clientèle une nourriture et un service de première qualité dans une chaleureuse atmosphère familiale. Voilà pourquoi nous nous démenons. Je dois ajouter que c'est grâce à la vision des enfants que nous avons choisi le mot international au lieu de national dont je croyais pouvoir me contenter à l'époque. Vraiment, tout était inclus dans cette simple phrase. Un vigoureux positionnement de leader de la catégorie, un audacieux objectif qui allait nous forcer à conquérir tout le Canada, voire même au-delà de ses frontières ; un rigoureux focus sur les spécialités du déjeuner et du brunch du midi, un territoire illimité, un produit et un service de première qualité et, finalement, une expérience globale de chaleureuse atmosphère familiale. C'est quand même extraordinaire à quel point c'est complet comme mission ; à quel point ce que nous sommes en train d'accomplir est clair pour tout le monde depuis quinze ans. Je sais que la plupart diront que c'était facile à deviner. C'est toujours évident lorsqu'on peut voir la mission encadrée dans un hall d'entreprise. Mais tirer une intention du néant avant qu'elle se soit matérialisée, c'est autre chose. Accepter qu'avec l'aide de la sage-femme, un avenir aussi prometteur ait pu sortir de nous-mêmes, ça, c'est magique et merveilleux. Va savoir maintenant quelle énergie a envahi les fondateurs ? Je préfère donner ma langue au chat et mon cœur à la divinité qui continue d'agir à travers nos balbutiements.

Rapidement, toutes les autres définitions essentielles servant à régir nos mentalités et nos comportements sont tombées sur la page aussi justement que la sublime mission. Je vous les énumère :

– Les employés de nos restaurants sont des leaders débordant de ressources, dynamiques et professionnels. Ils ont à cœur l'excellence et créent le ravissement de tous nos clients en leur procurant, à chaque visite, des déjeuners inoubliables.

– Nos partenaires d'affaires et fournisseurs sont dévoués, responsables et compétents. Comme nous, ils prennent des risques personnels et financiers. Partageant notre mission, ils contribuent aux succès de notre entreprise et permettent que nous participions aux leurs. Honnêtes et créatifs, ils coopèrent avec nous avec intégrité. Honorant leurs engagements écrits, ils sont gens de parole et communiquent avec nous en tous temps. Nous nous respectons mutuellement et nous nous faisons confiance.

– Nos franchisés sont de véritables gagnants. Enthousiastes, ils ont à coeur d'être des restaurateurs formés et informés. Maîtrisant notre système d'exploitation et offrant à tous nos clients une nourriture et un service de première qualité, ils génèrent une entreprise profitable pour eux-mêmes et pour leurs familles.

– Venant de toutes cultures, nos clients sont les gens les plus importants pour nous. Ils ont à cœur leur bien-être et celui de leur environnement. Ils célèbrent la vie, l'amour et la famille.

Avoir réfléchi et formulé notre Mission d'entreprise au tout début de notre aventure en franchisage est comparable à l'organisation méticuleuse d'un voyage à l'étranger. Il aura fallu faire l'effort de trouver du temps pour nous arrêter en plein milieu de nos activités quotidiennes, réfléchir, assembler les données, examiner les opportunités et unifier nos intentions. En énonçant clairement la mission, nous l'avons gravée partout sur les murs et dans nos cœurs. Grâce à nos esprits désormais alignés sur une même fréquence, notre efficacité a doublé. Sans compter l'économie d'énergie à ne plus avoir à se remettre en question continuellement à la moindre difficulté. Le fait de connaître dès le début notre grand objectif nous a permis de simplifier le voyage en une série d'étapes plus facilement accessibles. Pas à pas, nous avons construit plus solidement, concentrant nos efforts dans les domaines reliés à notre objectif. Même si nous n'avions aucunement l'idée d'un grand réseau de franchises à l'époque, en élaborant notre mission, nous en avons implanté la possibilité dans nos têtes. Le reste allait se faire imperceptiblement. Tous les éléments nécessaires à la croissance, les bons employés, les stratégies, les moyens financiers et les connaissances pertinentes, tout s'est mis à vibrer autour de nos intentions, canalisant nos énergies et nous incitant à déployer nos efforts dans la bonne direction. Puis, comme si une force inusitée avait décidé de les attirer vers nous, les franchisés potentiels, les nouveaux établissements, les articles favorables dans les médias, et les prix que notre entreprise allait remporter, ont commencé à apparaître et à devenir concrets sous nos yeux. Plus nous chérissions notre mission, plus nous y étions fidèles et plus l'embryon de réseau se développait. Il en est aujourd'hui à cent trente établissements. L'alignement des intentions a quelque chose de magique lorsqu'il s'agit de créer. Nous en avons tous été témoins depuis quinze ans, et notre mission d'entreprise est encore aujourd'hui aussi pertinente qu'à ses débuts. Elle est devenue le grand filtre au travers duquel doivent passer toutes nos stratégies d'affaires et de développement de produits. Notre mission nous garde dans le droit chemin, attentifs et concentrés.

LETTRE 15

La fameuse conciliation travail-famille

Enfin, pour sauver notre honneur devant la journaliste, j'étais fière de lui dire que depuis plusieurs années nous offrions à nos mamans du bureau l'opportunité de travailler quatre jours semaine si elles le désiraient.
CORA

Ouf! Soleil,

Voilà cette journaliste bien intentionnée qui s'entête à me demander comment j'ai réussi à concilier vie familiale et vie professionnelle. « Mais je n'ai pas du tout réussi », que je lui réponds très sérieusement. Parce que dès le début, à cause du manque de ressources, toute la vaisselle, les casseroles et l'ameublement de la maison vendue avaient été transportés dans le premier casse-croûte qui est automatiquement devenu le centre de notre nouvelle vie en même temps qu'un commerce ouvert au public. Pour le reste de nos activités quotidiennes, nous avions loué un quatre pièces et demie, non loin du casse-croûte, sur une artère achalandée au nord de la ville de Montréal. Avec quelques œufs à la coque dans le réfrigérateur de l'appartement et des vieux bagels secs comme en-cas, notre point de convergence était sans contredit le réfrigérateur Husman du restaurant pour le bacon croustillant froid et délicieux dans les sandwiches ou pour les restes du spécial du midi, si nous étions chanceux.

Les fins de semaines, comme tout le monde participait au service ou en cuisine, la famille bavardait derrière les portes closes, en faisant le ménage et les préparatifs du lendemain. Bref, nous prenions le pli de ce qu'allaient être les prochains vingt ans du commerce familial sans aucune concession ni pour les enfants, ni pour un potentiel prochain mari, ni même pour la Vénus s'atrophiant sous mes tabliers de cuisinière. « La princesse attendra », me disais-je alors, et avec elle l'entretien de ma féminité, les amourettes, et les bonnes amies que je n'avais pas le temps d'avoir. J'ai tout remis au même plus tard dont je parlais à mes enfants lorsqu'ils quémandaient un peu d'argent supplémentaire. « C'est impossible maintenant, répondais-je. Nous avons besoin de chaque cenne noire pour l'entreprise mais plus tard, plus tard, je vous le promets, on sera bien ». Durant de longues années, les enfants ont essayé de savoir quand arriverait ce fameux plus tard. Puis ils ont compris que maman ne vendrait pas la peau de l'ours avant de l'avoir tué. Ils se sont fait une raison, travaillant pour payer l'essence de leurs déplacements avec un maigre extra les jours d'affluence exceptionnelle. Même lorsqu'on est finalement arrivé à payer nos factures à temps et à satisfaire nos employés, la situation n'avait pas beaucoup changé. C'est mon ambition qui demeurait inassouvie et qui calculait sans répit chaque dollar pour en avoir assez pour ouvrir le prochain restaurant. Je ne me suis jamais calmée. Dieu merci, c'est ainsi que nous nous sommes enrichis, en économisant pour plus tard.

Je me souviens que même après dix ans d'opération, j'avais encore la tête comme une passoire lorsque Nicholas essayait de m'expliquer que nos rendements étaient très satisfaisants. J'ai gardé cette damnée manie de toujours avoir besoin d'une petite réserve pour être capable de profiter des bonnes occasions qui ne manquent jamais de se présenter dans notre industrie.

Enfin, lorsque mon fils a pris le flambeau en 2007, il a quand même dit devant tout le monde : « Merci, maman, pour une compagnie sans dettes et prospère ».

Tu le sais très bien, cher Soleil, que ce sont mes enfants qui m'ont d'abord obligée à évoluer, à m'assumer comme individu, comme parent, et finalement comme chef d'entreprise. Ce sont eux qui m'ont encouragée à me lancer en affaires. Eux qui, à mes débuts, m'ont aidé inconditionnellement. Eux qui m'ont toujours motivée à aller plus loin. Je ne peux absolument pas imaginer ma vie sans eux. Même si plusieurs circonstances m'ont empêchée d'être la maman modèle à la maison, confectionnant comme jadis pour chacun ses vêtements, mon cœur a toujours battu uniquement pour eux. Pour eux et pour toi, mon Soleil. Je n'ai pas été capable de séparer le monde du travail de celui de la famille. Ils étaient indissociables pour nous. Tout arrivait en même temps, faisait partie de la même stratégie de gestion dans ma tête : cinquante dollars pour les nouveaux manuels scolaires, vingt-huit pour le lavage des vitres du resto et trente-cinq pour le changement d'huile de la Renault 5 chez Canadian Tire. C'est mon cœur de maman qui m'a donné le courage d'ouvrir un restaurant. Ce sont mes qualités de mère de famille qui ont été déterminantes dans mon succès. La ténacité, le sens des responsabilités, le sens de l'organisation, l'amour, la discipline, cet ardent désir de faire plaisir, de bien accueillir, de prendre soin des autres, et d'enseigner ces attitudes aux miens. Je le répète, j'ai travaillé du matin au soir dans mes restos, sept jours sur sept, comme une mère dans sa maison familiale. J'ai dû cuisiner, faire la vaisselle, choisir de bons aliments, profiter des aubaines, inventer de nouveaux repas et, le soir, dessiner moi-même les menus parce que ça coûtait moins cher. J'ai dû tout faire et en même temps être gentille, chaleureuse, intelligente, compréhensive et sévère. Exactement comme doit l'être un bon parent. Ça n'a pas toujours été facile d'avoir mes enfants près de moi dans l'entreprise. Il y avait les discussions interminables autour du repas du soir, les prises de bec, les confrontations, les départs et les retours des enfants tantôt peinés, tantôt frustrés. Je n'ai rien su tenir à distance, ni ma colère, ni mes tracas, ni même ces fréquents manques d'argent alimentant mon insécurité. Mes peurs, mes rêves, mes objectifs, tout avançait simultanément à mesure qu'augmentait le nombre de clients que nous servions chaque semaine.

J'ai toujours été tellement vieux jeu, innovatrice à l'extérieur mais aussi conservatrice à l'intérieur qu'une poule couvant ses œufs. C'est drôle, mais ce n'est pas la famille ni le travail qui ont été les plus pénibles. C'est la personne que j'étais en train de devenir qui m'a causé le plus d'inquiétude. Tant et aussi longtemps que ça été difficile de survivre, je me considérais à la bonne place. Aussitôt que le commerce a commencé à fleurir et moi aussi, je me suis remise en question. Pour qui te prends-tu ? Orgueilleuse ? Finfinaude ?

Il a fallu de nombreuses années pour me libérer de ce genre d'inquiétudes, pour m'accorder le droit d'adorer mon travail et toute la satisfaction qu'il m'apportait, le droit de m'épanouir, le droit de faire ce que j'aimais, et le droit de croire en mes rêves. J'en suis encore à me réconcilier avec l'idée que j'aie pu, malgré tout, être une bonne mère pour mes marmots. Quand j'ai débuté, mon objectif était de changer le damné karma de pauvreté dont mes enfants risquaient d'hériter. Je pensais alors que l'argent allait réparer toutes les écorchures de notre histoire. Puis, à force de bûcher pour avancer, j'ai vite compris que la véritable richesse, pour moi-même et pour chacun de mes enfants, consistait à reconnaître nos talents et à saisir l'opportunité de les exploiter. Enfin, pour sauver notre l'honneur devant la journaliste, j'étais fière de lui dire que depuis plusieurs années, nous offrions à nos mamans du bureau l'opportunité de travailler quatre jours par semaine si elles le désiraient.

LETTRE 16

La chaleureuse atmosphère familiale

C'est notre aventure de survie familiale qui est à l'origine de la chaleureuse atmosphère familiale. C'est la pauvreté qui nous faisait tendre la main tantôt pour demander et tantôt pour donner. C'est sans le savoir qu'on est devenu chaleureux. À force d'avoir besoin d'amour, on s'est habitué à faire plaisir aux autres. Tout ça s'est bâti comme la mousse sur les arbres, sans qu'on s'en aperçoive.

CORA

En déménageant notre ameublement dans le premier casse-croûte, c'est comme si la famille s'agrandissait. On est passé de quatre places autour de la table de la maison à vingt-neuf places assises dans le resto. Et cette fois-ci, comme dans une véritable famille élargie, plein de monde allait venir manger pour nous aider à payer nos factures. Des fois, je pense que nous y avons vu, les enfants et moi, un grand jeu de rôles supérieur à tous les adolescenteries qu'ils avaient pu faire jusque là. Comme dans une vraie nouvelle maison, nous avions installés de petits rideaux aux fenêtres, nos livres sur quelques étagères, avec les précieux morceaux de porcelaine trimbalés en souvenir de la grand-mère paternelle. La serveuse avait apporté de chez elle un bouquet de vraies fleurs détonnant, installé sur l'antique comptoir en mélamine ivoire.

J'avais insisté au début pour mettre un gros pot d'œufs dans le vinaigre sur le comptoir comme on en voyait, dans le temps, dans les snack-bars de quartier. Après en avoir changé le contenu trois fois, j'ai compris que chez nous les œufs se vendraient frais ou pas du tout. Enfin, comme dans les vraies familles, lorsque les biscuits au gruau verdissent par en dessous, la mère arrête d'en faire ou change sa recette. Ainsi, en bonne maman que j'étais, je me suis mise à demander aux clients ce qu'ils avaient le goût de manger, de quoi se composait leurs déjeuners favoris ou quels étaient leurs meilleurs souvenirs liés à la nourriture ? Et je les surprenais le lendemain avec une tranche du rôti de porc cuit comme la tante Alice le cuisait ; des saucisses fumées rôtis sur la plaque avec des œufs miroir ou, encore plus fracassant, avec une bonne tarte fraises et rhubarbe à la mode des tablées de 1950. Le plus excitant dans cette course à faire plaisir, c'est que mes enfants et moi, comme nous n'avions plus de famille, on s'est mis à s'attacher à tous ces étrangers, les considérant encore plus que des proches, des membres de la famille au même titre que nos nouveaux employés amenés par l'augmentation constante de la clientèle.

Tu te souviens, Soleil, de Nicole, de Marie et de Moumou qui, comme de véritables membres de la famille, venaient souper avec nous chez Schwartz's lorsqu'on en avait les moyens. Ils nous accompagnaient chez les brocanteurs de la rue St-Laurent à la recherche de vaisselle usagée ou encore chez Provigo pour prendre avantage du « spécial à 49 cents la livre, limite de trois poulets par client ». En faisant deux ou trois magasins à nous quatre, on s'assurait d'avoir le congélateur du sous-sol rempli jusqu'à Noël de viande pour confectionner nos fameux pâtés au poulet. Il faut dire aussi que tous ces jeunes employés et certains de leurs amis et clients se faisaient un devoir de nous ramener régulièrement, des fast-foods de leur voisinage, des poches pleines de sachets de sucre, de ketchup ou de moutarde qui nous servaient au take-out. Tout simplement parce qu'ils désiraient collaborer à notre réussite. Dans ce temps là, on se serrait les coudes, et chacun savait tout faire dans le resto. « Pas aussi bien que la patronne » ajoutait Moumou. « Mais presque pareil » ricanait Nicole.

Le deuxième hiver, en 1988, on a décidé de faire un souper de Noël gratuit pour nos clients. Juste pour les remercier d'être là et de nous aimer autant. Je me souviens, j'avais fait des dizaines de desserts favoris des clients. Les plats chauds et réconfortants étaient étalés sur les plaques chauffantes et sur les tables de travail de la petite cuisine, alors que les desserts alignés sur le grand comptoir d'en avant nous faisaient ressembler à une version de la Pâtisserie de Gascogne pour monde ordinaire. Fallait voir la mimique de nos clients réguliers lorsqu'ils arrivaient juste pour voir si elle était vraie cette histoire de souper gratuit. Bouche bée et immobiles comme des statues de sel dans le portique, Julia devait les inviter à avancer vers l'arrière jusqu'au bain-marie de soupe aux pois. Plusieurs d'entre eux argumentaient en voulant payer pour le buffet, mais nous finissions par les convaincre de nous laisser, juste cette fois-ci, leur exprimer notre reconnaissance.

En 1990, alors qu'on avait déjà quatre restos, on a commencé la tradition du souper de spaghetti pour permettre à nos cuisiniers des différents restos de sympathiser les uns avec les autres. Avec salade César, pain à l'ail et bière à volonté, les pauvres diables étaient enfin récompensés, une fois l'an, pour leur extraordinaire constance à éblouir nos clients. Quelques années plus tard, des homards remplacèrent les nouilles dans l'assiette au grand plaisir des hommes en blanc qui avaient pourtant doublés en nombre.

Comme une vraie mère, toutes les années que j'ai travaillées en cuisine, j'arrivais la première le matin et je quittais la dernière le soir, après avoir mis dans la sécheuse la dernière brassée de lavettes. Un à deux jours par semaine, même si je commençais à 5 h 30 le matin, je restais tard après la fermeture. Profitant de la tranquillité des lieux, je refaisais la décoration d'une tablette ou dessinais et colorais une nouvelle pancarte que les jeunes auraient plaisir à clouer au mur le lendemain. Depuis l'accident qui m'avait tordu les ligaments de la cheville, j'avais promis à Nicholas que je ne grimperais plus moi-même sur une chaise placée sur une table branlante pour installer mes pancartes assez haut. C'était arrivé vers 22h et j'avais dû patienter, immobilisée au sol jusqu'à presque minuit, jusqu'à ce que les enfants s'aperçoivent que je n'étais pas rentrée à la maison. J'avais promis, pas à cause de la douleur épouvantable, mais parce que je les avais obligés à passer la nuit blanche avec moi à l'urgence, en attendant qu'un médecin examine mon pied et me conseille de revenir le lendemain midi pour rencontrer un spécialiste. Je n'y suis pas allée car mon voisin d'en face, en venant déjeuner, m'a convaincue de traverser la rue sur une patte pour aller à son bureau de chiropraticien me faire replacer les os. Un gros clic et quatre larmes suffirent pour que je puisse revenir au casse-croûte à temps pour faire ma soupe du jour ! Je me souviens encore de cet avant-midi du pied ramanché. Le dîner s'annonçait tellement tranquille que les jeunes ont enlevé leurs tabliers vers midi et quart et sont allés se planter sur le bord du boulevard pour faire signe aux automobilistes de virer dans notre parking. Je riais malgré la douleur, en calculant qu'on pourrait toujours passer le pain de viande en sandwiches le lendemain midi.

C'est notre aventure de survie familiale qui est à l'origine de la chaleureuse atmosphère familiale. C'est la pauvreté qui nous faisait tendre la main tantôt pour demander et tantôt pour donner. C'est sans le savoir qu'on est devenu chaleureux. À force d'avoir besoin d'amour, on s'est habitué à faire plaisir aux autres. Tout ça s'est bâti comme la mousse sur les arbres, sans qu'on s'en aperçoive. Parce qu'on était toujours prêt à surprendre quelqu'un avec notre générosité, l'amour s'est mis à germer dans nos oreilles, sur nos paupières, dans nos doigts et dans le fin fond de la coquille osseuse de nos cerveaux. Cette délicieuse énergie a ensuite fait son chemin à travers nous, affectant au passage notre volonté, notre raisonnement, et l'imagination constructive qui allait nous permettre de réussir dans les affaires. Comme par magie, l'invisible sollicitude sortant de nos mains collait sur celles des autres, propageant le virus de la tribu aux employés d'abord et, par la suite, des employés aux clients.

Lorsqu'on s'est mis à ouvrir restaurant après restaurant, forçant la mère poule à quitter son nid, les détracteurs ont prédit que la chimie n'y serait plus. C'est pourtant le contraire qui s'est produit. L'amour au lieu de se diluer, se renforcissait à chaque fois. Peut-être est-ce aussi parce qu'à chaque nouvelle ouverture, il y avait toujours trois ou quatre d'entre nous qui allaient tirer les joints dans le resto à ouvrir, s'assurant d'apporter assez d'amour pour tout le monde. C'est ainsi que s'est créée la chaleureuse atmosphère de Chez Cora, transportée d'un resto à l'autre par nos fidèles employés. Ce sont eux les valeureux émissaires ayant à cœur de transplanter dans chaque nouvel établissement la précieuse culture de générosité Cora.

Nous avons été bénis dès nos débuts par des forces mille fois supérieures aux nôtres. C'est inconsciemment que nous y consentions parce que nous n'avions pas encore distingué clairement les lois cosmiques qu'aujourd'hui nous commençons juste à reconnaître. Tout s'organisait autour de nous, presque à notre insu ; tantôt à travers nos paroles aimantes, tantôt à travers nos gestes remplis de bonnes intentions. C'était comme si un rituel émergeait de nos comportements ; une mentalité Cora se formait ; une culture bien particulière apparaissait sous l'empreinte de nos pas. J'en étais le catalyseur, me dira plus tard l'érudit consultant. Agençant ceci avec cela, organisant la communication du clan ou donnant du sens à tel ou tel agissement, je pavais la route d'une certaine façon d'être englobant toutes nos principales valeurs. Avec le recul, j'ai l'impression de n'avoir servi qu'à cela de primordial : avoir ensemencé le terreau fertile, en avoir favorisé l'éclosion et maintenant, laisser se répandre notre esprit créatif partout où toi, mon Soleil, tu voudras bien diriger tes rayons.

Avec les années, j'ai passé de chef de cuisine à chef d'orchestre m'entêtant à approfondir la signification de chacune de nos actions. Qui sait : peut-être est-ce un peu à cause de ce continuel exercice de synthèse que la symphonie perdure et s'améliore en vieillissant. Je suis pourtant consciente qu'à chaque nouvelle séance de formation, quelques nouveaux mots s'ajoutent à nos définitions premières. La croissance de l'entreprise est tellement rapide que nous n'avons plus le temps d'équeuter nous-mêmes nos fraises. C'est ça l'évolution, répondra le jeune président à chacune de mes tentatives de remontrance. Nous ne pouvons plus, comme jadis, aller colorer ensemble les pancartes de chaque resto avec la nouvelle équipe d'employés. Notre amour s'exprime maintenant par l'intensité de notre engagement à respecter nos promesses faites aux franchisés. « Comprends-tu ça, maman ? Aujourd'hui, c'est avec la qualité de notre travail que nous parlons d'amour, en nous assurant jour après jour que notre occasion d'affaires est constamment parmi les meilleures sur le marché », insiste mon rejeton tout pompé. Il a raison « gros comme le ciel », je l'admets, mais je continue à penser qu'il est important d'apporter au personnel de notre bureau une table remplie de gâteaux maison, de biscuits et de barres que je fabrique moi-même, le samedi dans ma cuisine en écoutant de l'opéra. Je le fais depuis toujours, mon cœur rempli d'amour, et m'imaginant qu'avec chaque bouchée qu'il avale, l'employé se nourrit de passion et de cohérence Cora. Je rêve qu'il soit convaincu d'être choyé et de faire partie d'une histoire exceptionnelle.

« Il reste toujours quelques miettes dans la main qui donne du pain », ai-je lu quelque part. Peut-être en restera-t-il aussi dans celle qui donne des biscuits ?

LETTRE 17

Devenir un leader

Les leaders se fabriquent eux-mêmes à partir de la meilleure raison au monde: créer quelque chose qui a le potentiel de devenir beaucoup plus grand qu'eux-mêmes.
CORA

Bonjour Soleil,

Tout le monde dessine un soleil au moins une fois dans sa vie mais moi, y as-tu déjà pensé, cher amour, je suis celle qui t'a probablement barbouillé la binette le plus grand nombre de fois depuis vingt-trois ans. Si je t'ai utilisé à outrance, ce n'est pas parce que j'avais spécialement réfléchi à toi d'une manière organisée et stratégique. Oh que non ! Mon entrée dans les affaires ensoleillées est beaucoup moins prestigieuse qu'on pourrait se l'imaginer. Je suis tombée par hasard dans la potion magique, dira peut-être un biographe dans une vingtaine d'années. Tombée dans la soupe, dans l'obligation de faire de la soupe, serait plus juste.

La vérité, c'est que je n'ai pas choisi la restauration. C'est plutôt elle qui s'est imposée à moi après le divorce et l'impossibilité de trouver un travail pour nourrir mes enfants. Mon père allait avoir raison. La philosophie, la littérature, le latin et le grec ancien n'étaient pas des qualifications d'emploi très populaires en 1980. En fait, elles nuisaient plus qu'elles n'aidaient l'intellectuelle démunie que j'étais à se résigner à travailler physiquement. C'est pourtant ainsi que j'allais plus tard exceller.

Ayant vendu in extremis la maison familiale que la banque avait dans sa mire, j'ai ouvert le premier Cora en mai 1987 sans aucune idée préconçue. Pour sûr, j'allais cuisiner, servir les clients, nettoyer et apporter à l'appartement les restes de nourriture pour le souper des enfants. Au-delà de cet abrutissement du quotidien, n'importe qui, sans la grâce, serait resté tristement anonyme.

Me voilà pourtant, comme un dumpling, la tête émergeant du bouillon. Comme happée par un second niveau de signification, je me suis mise à donner de l'importance aux gestes, aux choses et surtout aux rêvasseries frémissantes nouvellement installées dans ma tête de patronne malgré elle. Je me suis surprise à vouloir embellir, mieux faire, ajouter de la couleur et une saveur inoubliable à chaque assiette. Sans que je m'en rende compte, les rondelles de bananes ont pris la main des fraises, des framboises et des morceaux de melon sur l'empilage de pains dorés. Puis les bleuets se sont immiscés entre les tranches, suivis des coupures de pommes, de poires et des gros raisins rouges à la bedaine tranchée en deux.

Fin septembre, j'ai composé un premier modèle de feuille horaire, ainsi qu'une liste des denrées que nous commandions à la semaine, liste à cocher au besoin. Puis j'ai cousu les tabliers avec un soleil brodé que les serveuses porteraient désormais obligatoirement. J'ai ensuite installé quatre ou cinq poules de plastique sur les tablettes et décidé, sans aucune considération logique, que nous servirions désormais uniquement des déjeuners, toute la journée, avec quelques plats du midi pour les travailleurs de semaine. Épurant la tradition québécoise, j'ai amélioré un après l'autre, en utilisant mes propres recettes maison, chacun des déjeuners alors en vogue sur l'Île de Montréal. Ajoutant, à mesure qu'ils émergeaient de mon imagination, les fameux plats, signature du futur concept. Ignorant encore la portée de mes gestes, cette première année à Côte-Vertu m'a servi à organiser dans ma tête le travail à faire et le monde autour de moi pour le faire. Sans m'en rendre compte, je nous préparais à croire à l'arrivée d'une réalité encore invisible à l'œil nu.

Voilà humblement le début de mon leadership. Je n'avais certes pas choisi mes débuts mais je me suis rapidement adaptée à la situation. Au lieu de m'apitoyer sur mes misères, je me suis attelée à la tâche, en tirant nos vies vers des jours meilleurs. Parce que je m'étais engagée à réussir, j'ai fait plein d'efforts que d'autres n'ont pas faits, et j'ai eu plein de résultats que ces autres n'ont pas connus.

Très tôt, j'ai commencé à convaincre mes enfants et les quelques premiers employés que nous faisions davantage que de servir des clients ; que nous étions en train de construire quelque chose ; une idée, une façon de faire les choses différemment de ce qui existait alors. Bien sûr, je manquais de mots et de connaissances pour articuler correctement l'œuvre à laquelle nous participions et dont nous devenions les humbles serviteurs. Je ne sais pas où j'ai trouvé le courage et la générosité nécessaires pour entretenir cette chimère jusqu'à ce qu'elle puisse émerger et vivre d'elle même. J'en suis consciente aujourd'hui. J'ai accouché d'une idée extraordinaire dans ce premier petit restaurant de vingt-neuf places assises. Et, comme une vraie mère, j'ai veillé moi-même mon bébé jour et nuit, en cuisinant, en nettoyant et en dormant. Je n'ai pensé qu'à lui, à son bien-être, et non au mien. J'ai assumé toutes les responsabilités liées à sa croissance, aidant les gens autour de lui à mieux le servir et prenant soin de garder mon équipe et moi-même à l'abri du chaos pessimiste des incrédules.

C'est avec l'arrivée du concept Cora qu'est née la patronne en moi. Comme les enfants ont fait de moi une mère, le concept Cora a fait de moi un leader. Un chef qui, telle une nouvelle maman, s'est mis à acquérir sur le tas et dans l'épreuve chacune des forces qui lui serviront à accompagner l'enfant jusqu'à maturité. Les leaders se fabriquent eux-mêmes à partir de la meilleure raison au monde : créer quelque chose qui a le potentiel de devenir beaucoup plus grand qu'eux. Survivre à la création d'une telle potentialité résume aussi l'histoire de mon leadership !

Ceux qui m'ont traitée de manipulatrice parce que j'arrivais toujours à mes fins se réjouiront aujourd'hui d'apprendre que je suis ma plus grande victime. Eh oui ! Je me suis manipulée moi-même toutes ces années à faire ce que je croyais devoir faire, à travailler à outrance, à être patiente, à me taire, ou à endurer, en ayant l'air de cueillir des framboises.

J'ai voulu enseigner par l'exemple et ne jamais exiger de quelqu'un ce que je n'étais pas prête à faire moi-même. J'ai été disciplinée et sévère, écartant de moi tout ce qui menaçait la réalisation de mes objectifs. Ça n'a pas toujours été facile de croire au potentiel de mon idée, de croire à l'avenir de ce nouveau concept bâti sur des coquilles d'œufs. Pas facile non plus d'être le capitaine du bateau et de convaincre l'équipage d'avancer dans la brume matinale. Ma tête, bien des jours, était aussi démunie qu'un océan vidé de ses poissons. Il fallait à chaque fois me reconstruire. Enfiler mon armure, prête à tout, prête à perdre pour gagner, et m'obliger à être cohérente et minutieuse. En acceptant de plonger dans le vide, j'ai dépassé même les limites que j'ignorais avoir.

Mon très cher Soleil, je t'ai tellement aimé toutes ces années durant. Probablement parce que ta mission, ta signification pour nous, est née dans mon coeur, au bout de mes doigts. Je suis fière qu'à force de travail et de bonnes intentions, j'ai pu faire de toi une véritable entité vivante, une brillante marque de commerce, un grand patron. J'oserais dire une conscience plus grande que toutes les nôtres prises séparément. Tu es le roi de mon cœur, et personne ici-bas n'a pu, aussi aisément que toi, me ramener à la meilleure expression de qui je suis.

Le malheur, lorsqu'on est la fondatrice d'une entreprise, c'est qu'il n'existe pas d'autorité supérieure susceptible de nous accorder un petit bravo, un très bien entre deux réunions. Peut-être est-ce pour cela que j'avais accroché dans mon premier resto la photo de mon père, mort avant même que je démarre en affaires. À mes débuts, j'avais tellement besoin de ces petits mots d'encouragement et, paradoxalement, on dirait que c'est l'époque où ils se font plus rares. Tout le monde nous encourage à entreprendre, mais une fois qu'on s'est enroulé la corde autour du cou, on dirait que plus personne ne nous connaît. Plus personne dans l'entourage ne se souvient qu'on existe. Soudainement, parce qu'on est plus disponible pour s'égosiller avec eux dans les estrades, nos amis se mettent à nous en vouloir. C'est à peine perceptible, mais ça se ressent. À chaque fois, ça devient plus difficile. Ils ont cinquante bons prétextes pour ne plus être là. À mesure que le fossé s'élargit, on se transforme en rareté, en pas pareille, parce que selon eux, « pour toi, c'est différent » ; comme si on était soudainement des girafes se promenant avec des trompes d'éléphants. Nos collègues nous voient différemment parce que désormais, ils se sentent différemment en notre présence. Comme si le fait que nous ayons osé entreprendre avait réveillé en eux la vieille frustration de n'avoir rien entrepris eux-mêmes. Parfois, nos proches détestent notre audace et surtout notre ténacité. Bien souvent, ils désirent inconsciemment que nous fermions boutique. Comme si ça pouvait les consoler de n'avoir rien entrepris eux-mêmes. J'ai quelques fois ressenti moi-même ce genre d'amertume me séparer d'une amitié.

Ce n'est pas facile d'être chef d'entreprise parce qu'en plus de devoir dépasser continuellement la limite de nos capacités, on apprend ce que jamais notre naïveté n'aurait cru possible. La jalousie cachée dans les commissures des lèvres, l'envie immobilisée dans les yeux des paresseux et, parfois, le mépris des incroyants ignorant les effets de la grâce. Plusieurs ont dit que nous avions été chanceux, que la conjoncture était favorable et que, finalement, la restauration ce n'est pas la chose la plus compliquée à réussir. « Laissez-les faire, que je disais souvent à mes enfants. Nos succès n'enthousiasment personne d'autre que nous-mêmes. Laissez-les penser ce qu'ils veulent car c'est préférable d'avoir l'air de rien et d'être quelqu'un que d'avoir l'air de quelqu'un et de n'être rien. »

Pendant que les autres s'argumentaient sur nos possibilités d'avenir, nous avancions. Nous demeurions concentrés sur notre tâche et nous ne perdions pas notre temps à riposter à leurs charabias. Lorsqu'on est le chef, on ne peut pas s'attendre à des réponses venant de l'extérieur de soi. Lorsqu'on est le chef, on a la responsabilité de conserver en permanence notre esprit branché sur le réservoir d'énergie universelle. C'est à cause de cela que c'est tellement important que nos ampoules cérébrales soient vissées sur les bons luminaires. Quelqu'un a dit que le plus grand territoire à conquérir, c'est celui situé entre nos deux oreilles. C'est bien souvent la joute la plus difficile du patron : se développer lui-même pour ensuite permettre à l'entreprise de grandir, et devenir plus fort à l'intérieur qu'à l'extérieur !

J'ai été longtemps toute seule comme au temps de la survie, comme adolescente isolée dans mes écrits. Ce caractère exigeant de Gorgones qui me gouverne a eu besoin de ce recul pour exulter. Pour s'affermir lorsqu'il fallait et pour apprendre à courber l'échine sans perdre de la face. L'isolement, c'est le prix à payer, bien des fois, pour amadouer le succès et devenir patron.

Par contre, notre réussite est tributaire de cet effort ininterrompu que nous avons déployé, tous ensemble, pour nous améliorer. Nos corps et nos mains continuellement attachés au déroulement du quotidien, et notre esprit attentif en permanence aux moindres petits détails. C'est peut-être pour cela que même pendant les pires moments, nous n'avons pas perdu pied, pour cela que même les plus banales contrariétés ont été vues comme des leçons nécessaires pour avancer. Finalement, nous avons réagi à l'adversité en créant encore plus d'opportunités pour tout le monde. Je pourrais presque dire qu'avec ces vingt ans d'acharnement, nous avons, mon équipe et moi, maîtriser l'art d'être confortable dans l'inconfort. Nous avons appris à façonner nos caractères, à amadouer la patience et à avoir de la compassion. Chaque jour est devenu une opportunité pour mieux nous préparer à accueillir un futur beaucoup plus gros que notre capacité à l'avoir inventé.

LETTRE 18

Le travail du patron

N'essayez pas de devenir un homme qui a du succès.
Essayez de devenir un homme qui a de la valeur.
ALBERT EINSTEIN

J'aime tellement ça, cher Soleil, t'écrire tôt ce matin alors que tu n'as pas encore séché le frimas étendu dans le gazon. Je sais que ça veut dire que l'hiver s'en vient mais nous le passerons ensemble et j'aurai chaud près de toi comme dans le temps, dans les cuisines. Je me souviens d'un autre premier novembre il y a longtemps. De noirceur, en quittant l'appartement pour le travail, j'avais embarquée dans ma Renault 5 l'énorme citrouille abandonnée par le voisin pour en faire de la confiture. Je suis restée ce jour-là jusqu'à plus de minuit à peler l'énormité, à la vider de ses graines et filaments, et à la ramasser en quatre grosses casseroles remplies à ras bord des minuscules petits dés de chair orangée. Il y en avait tellement dans le casse-croûte que j'ai manqué de sucre à une heure du matin, épuisée, et ma propre peau aussi jaune que le monstre. « Ça t'apprendra à prendre des morceaux plus gros que ce que tu es capable de mâcher », aurait certainement déclaré ma chère maman.

J'ai pourtant eu toute la nuit blanche pour réfléchir à tout ce que j'allais devoir apprendre si j'avais l'intention de matérialiser la récente idée qui me titillait le cerveau depuis peu. Depuis le succès de ce deuxième restaurant de Laval, j'avais comme compris que nous avions été capables de nous reproduire et ça m'amenait à penser que si nous l'avions fait une fois, nous pourrions le refaire deux, quatre, dix fois encore. J'y pensais tout le temps : comment un bon patron devrait être pour convaincre son monde de l'aider à progresser. Je réfléchissais aux valeurs qui animeraient l'équipe, aux principes qui expliqueraient à nos nouveaux employés comment on travaille, comment on prend nos décisions. Ce qu'on a chacun dans la citrouille et vers où on s'en va comme famille. Ça m'apparaissait tellement gros comme défi, surtout que j'allais devoir quitter mon tablier, la cuisine que je maîtrisais bien, et entreprendre de traverser l'aride désert de l'administration.

Je suppose qu'à partir de 40 ans, l'avenir d'une femme se déroule plus rapidement. En effet, en moins d'une année, les troisième, quatrième et cinquième restaurants ont quitté leurs statuts de projets dans ma tête pour devenir de véritables restaurants, concrets et fonctionnels.

J'ai quitté pour de bon mes fourneaux pour réfléchir et pour organiser la surveillance à distance de nos établissements. Il devint évident que le défi du progrès se scindait en multiples avenues. C'est à cette époque que j'ai dû troquer les livres de recettes contre les sérieux livres d'administration. J'ai évoluée avec eux, recopiant minutieusement des centaines de paragraphes ; notant des citations et mêmes grossissant à la photocopieuse des mots uniques comme PERSÉVÉRANCE – TÉNACITÉ - POSSIBILITÉ que je collais tour à tour dans l'espace blanc réservé aux dimanches dans mon agenda.

Je me souviens, comme nous commencions juste à tenir des rencontres avec nos exploitants dans des salons d'hôtels où j'avais pris l'habitude de ramasser les petits calepins blancs que ces endroits mettent à la disposition de leurs clients sur les tables. Ces feuillets blancs de la grandeur d'un livre étaient parfaits pour moi qui en mettais dans chaque volume pour y consigner le résumé du livre que j'aurais certainement besoin de consulter de nouveau un jour. J'ai des calepins partout autour de moi, immaculés ou noircis de notes sur tout que je dois maîtriser pour réussir. J'en ramasse encore partout où je vais dans les colloques et dans les chambres d'hôtels qui sont devenues, avec l'agrandissement du territoire, ma seconde maison. Je ne rate jamais une occasion de noircir un feuillet ni d'ajouter une plume à mon leadership.

Avec ma grande gueule d'oratrice née, c'était plutôt facile pour moi de rallier mon monde lorsque je travaillais dans les restos, facile de les enthousiasmer, facile de leur expliquer clairement pourquoi on fait ceci ou cela. Lorsque j'inventais une nouvelle crêpe ou découvrais une coupure inusitée du melon, c'était facile de rougir d'amour entre nous. En étant moi-même sur le plancher des vaches avec nos premiers employés, c'était facile de créer le ravissement de notre clientèle ; facile d'écrire à chaque jour un nouveau chapitre de notre histoire ; facile de constater que tout le monde avait notre objectif tatoué dans le cœur.

Le travail du leader d'aujourd'hui, c'est de conserver cette même intensité de passion dans les multiples campements de sa tribu. Comme si nous étions encore accrochés au bout du fouet ou de la spatule, comme si nous aidions encore nous-mêmes le client à choisir entre le salé et le sucré pour sa crêpe.

Tellement de rêves se sont réalisés devant nos yeux depuis nos débuts que nous pourrions avoir tendance à penser qu'il en reste peu. Pourtant, le véritable leader saura faire lever la pâte qu'il voit déjà ! Il le saura car c'est lui-même qui imagine d'autres rêves à concrétiser.

La réussite a tellement besoin d'amour pour arriver, amour des dirigeants pour leurs équipes et amour des équipes pour les clients attablés dans nos restaurants. Je pense que l'amour n'est plus seulement une affaire de cœur de mère mais l'ingrédient magique qui de plus en plus fera toute la différence concernant notre avenir. L'amour inépuisable est ce qui permettra à nos chefs de former d'autres leaders. C'est ce qui leur permettra d'être patients et de savoir écouter leurs employés et le silence souvent bien plus bavard les entourant. L'amour est courageux et valeureux dans le cœur de nos gens parce que leurs racines sont profondes et solides dans l'histoire de nos débuts. Ils se rappellent comment nous nous aimions et aussi comment nous aimions nos clients. Ils ont la même dévotion et la même générosité. Emplis de compassion, nos dirigeants d'aujourd'hui sont capables de réagir positivement à toute contrariété.

C'est encore l'amour qui préservera leur authenticité et leur capacité à faire passer le bien-être des autres avant le leur.

Je suis contente d'avoir été le chef. D'avoir, à ma façon précaire, aidé la tribu à sortir de l'anonymat. D'avoir moi-même planter les graines de nos précieuses valeurs qui encore aujourd'hui font briller le soleil au-dessus de nos têtes. Ainsi équipés, pourrais-je écrire, nos actuels et futurs collaborateurs peuvent se permettre de rêver à encore plus grand, encore plus gros et encore plus loin. Et cela arrivera, je te le prédis, comme tout le reste ; nous réussirons avec le même talent qui nous a permis de reproduire le concept restaurant après restaurant jusqu'à maintenant.

Ça n'a pas toujours été facile de trouver les bonnes réponses, la bonne attitude mais à force de m'entêter à ne pas désespérer, j'ai découvert un certain réconfort dans mes attributs intérieurs. Je compte sur mon inspiration, sur cette espèce de vitalité d'esprit en moi qui est toujours prête à m'aider ou à me propulser vers une meilleure voie. J'ai souvent l'impression que cette énergie en moi est branchée sur un moteur beaucoup plus puissant qu'elle-même. Je sais que je peux compter sur cette divine connexion. Je sais qu'il existe dans l'invisible un vaste réservoir de sagesse auquel nous avons accès. C'est comme la grande bibliothèque de Montréal, sauf que celle dont je parle, nous y avons accès par l'intérieur, en lâchant prise, en nous recueillant, en méditant ou en contemplant la nature.

Qui reconnaît son ignorance n'est pas vraiment ignorant;
qui reconnaît son égarement n'est pas vraiment égaré.
THOUANG-TSEU

LETTRE 19
Les employés

Thomas Edison disait que la valeur d'un produit ne réside pas dans ce qu'il est mais dans ce qu'il apporte aux consommateurs. Ainsi, ce qui compte, ce n'est pas le prix de l'ampoule mais la valeur de la lumière. Wow ! Ça m'a fait réfléchir que chez nous, la véritable valeur, ce n'est pas celle de l'œuf ou de la crêpe mais l'expérience inoubliable que nos dévoués employés font vivre à nos clients.

CORA

Mon beau Soleil,

Parce que j'avais un rêve, le nombre d'heures travaillées n'a jamais eu d'importance. Je bâtissais l'entreprise, jour après jour, avec les matériaux disponibles. Je n'ai jamais vraiment pensé au profit. Tout ce que je voulais, c'est avoir assez d'argent pour payer les factures, ouvrir des restaurants, avancer, allonger la chaîne et ravir le plus de clients possible. Les chiffres ne sont pas ma spécialité mais les trois nombres les plus importants ont toujours été le nombre de clients servis à chaque jour, le nombre de restaurants en opération et le précieux nombre de personnes qui, comme moi, gagnent leur croûte en travaillant pour le Soleil Cora.

J'ai ouvert mon premier resto parce que j'avais un urgent besoin de nourrir ma famille ; pas surprenant qu'aujourd'hui, ma plus grande fierté soit le nombre toujours grandissant d'employés dans le réseau. Je suis contente d'avoir partagé le plancher des vaches avec nos premiers employés, de les avoir vu grandir, s'améliorer et devenir performants.

Ces employés sont mon succès car sans eux, je serais encore à ratatiner sous le lourd fardeau du travail en cuisine. C'est relativement facile d'avoir une bonne idée ; tout le monde en a tous les jours. « C'est l'exécution qui fait toute la différence », comme l'écrivent les gourous. Et pour exécuter, on a besoin des autres. Un commerce, c'est toujours l'exécution d'une quelconque idée : c'est-à-dire la formation et la gouverne d'une bonne équipe de travail. C'est de l'amour pur qui doit sortir du cœur des patrons s'ils veulent bien y réussir, de la compréhension, de l'appréciation et de la capacité de donner un sens au travail de leurs coéquipiers. Dieu merci, j'ai su inculquer à mon équipe un peu de ma façon de penser et lui démontrer par l'exemple que nous n'étions pas les maîtres mais les serviteurs de l'entreprise. Toutes nos pensées, nos paroles et nos actions ont été imprégnées de cette dévotion au ravissement de notre clientèle. Même si j'aimais mon monde, j'ai été dure à mes débuts, exigeante, et ignorante trop souvent des besoins de mes semblables. Je les ai traités comme moi-même : sévèrement. Heureusement que mon rêve quasiment impossible à réaliser a pu susciter chez eux un attachement et une dévotion incroyables. Tous ceux qui ont travaillé chez nous étaient dévoués, courageux et audacieux même si je ne les en ai pas assez félicités. Ils savaient à quel point je détestais la neutralité, ceux qui sont trop trouillards pour dire et défendre leurs opinions, ceux qui ne se compromettent jamais, ceux qui ont toujours l'air de penser exactement comme moi. Je n'avais pas besoin de ce genre de bateaux qui restent attachés au port.

Je me souviens à mes débuts, plus j'avais besoin d'aide et plus mes collaborateurs prenaient de l'envergure ; plus je croyais en leur potentiel et plus ils excellaient. Tous ces héros demeurent présents dans ma mémoire. Ceux qui géraient nos restaurants corporatifs, ceux qui servaient nos clients et ceux de l'artillerie lourde qui formaient nos brigades en cuisine. Ils plaçaient tous, ils le font encore, le ravissement de notre clientèle en priorité. Ils étaient, chacun à sa façon, la première bouchée de notre déjeuner. Ce sont eux nos véritables chefs de tribus qui ont entraîné les équipes leur succédant et formé les futurs formateurs des futurs employés. Eux qui, les premiers, ont été happés par mes récits de conquête, de monstres à abattre et de princesses à libérer. Eux qui ont tricoté notre histoire de ravissement, d'innovation et de générosité. Eux qui transmettent encore aujourd'hui à la prochaine génération nos processus d'opérations et nos précieuses valeurs d'entreprise. Ils sont les meilleurs ambassadeurs pour accueillir, accompagner et encourager les nouveaux talents qui s'ajoutent continuellement à l'entreprise à mesure que s'agrandit le territoire. Je m'en veux de les avoir si peu considérés depuis vingt ans. Je réalise que même si le corps travaillait avec eux, ma pauvre tête était ailleurs, réglant, en permanence, vingt autres préoccupations urgentes. Pourtant, mes intentions étaient bonnes, et je n'ai jamais manqué de générosité ni de compréhension lorsque quelqu'un osait m'attraper par le chignon pour converser. Enfin ! Peut-être pourront-ils un jour me pardonner ? J'admire tellement le travail qu'ils ont accompli. Des fois, en contemplant où nous sommes rendus, je pense que ma gouverne a eu du bon, et je suis presque certaine que l'ADN de chacun de nos collaborateurs est semblable au tien, brillant Soleil.

C'est d'ailleurs à cause de toute cette équipe du tonnerre que j'en suis venue à céder mon précieux rêve de conquête à la prochaine génération. À vrai dire, je ne me souviens pas quand exactement, en quelles circonstances précises, j'ai pris conscience, pour la première fois, que ce n'était plus moi qui tirais mais eux qui poussaient pour que ça avance. Ça été aussi subtil et réel qu'une pluie quand elle se change en neige. Lorsque tu t'en aperçois, c'est déjà arrivé. Ils se sont emparés de ma mission, et j'ai consenti. J'en suis même très contente dans mon cœur parce que ça veut dire que je leur en ai donné suffisamment le goût. Je leur fais confiance. Liguées entre elles malgré les distances qui aujourd'hui les séparent, nos équipes sont comme des bulldozers défrichant la forêt vierge, et elles plantent ton drapeau plus loin que moi-même je ne l'aurais jamais imaginé.

LETTRE 20
Le focus

Ce n'est pas que je sois intelligent, c'est juste que j'étudie le problème depuis longtemps.
ALBERT EINSTEIN

Cher Soleil,

J'ai dans les doigts des bourgeons de fleurs qui cherchent à éclore ce matin.

Non, je ne pense pas que ma réussite soit un phénomène d'intelligence mais, comme le soleil que tu attires avec un miroir vers une brindille, c'est la concentration sur une chose, le rigoureux focus sur le déjeuner, qui l'a fait s'enflammer et devenir un concept national. C'est la géniale décision de se concentrer uniquement sur le déjeuner qui est la grande responsable du succès du concept Cora. À nos débuts en restauration, en 1987, la table du déjeuner québécois était plutôt pauvre en spécialités. Ce fut donc facile pour nous d'éblouir la clientèle avec nos trouvailles créatives. Voilà que nous commençons à dresser nos tréteaux de magiciens dans ces matins encore vierges de sensations. Sans tambours ni trompettes, tout discrètement, nos petits établissements émergeaient et se mettaient à bouillonner de nouveautés. Rapidement, on racontait à qui voulait l'entendre que ces nouveaux endroits faisaient sortir les lapins des chapeaux pendant qu'on se régalait. Chaque personne qui venait chez nous en repartait ravie et s'empressait d'en parler à un ami. Parce qu'ils applaudissaient, nous nous surpassions. Voilà notre histoire, davantage un réflexe instinctif qu'une importante découverte. Parce qu'ils ont continué à venir, de plus en plus nombreux, de plus en plus loin, nous avons cru bon d'ouvrir encore d'autres restaurants, de plus en plus éloignés de nos premiers afin d'accommoder le plus grand nombre de clients possible. C'est encore ce que nous faisons aujourd'hui : ravir et accommoder nos fidèles clients. Conserver notre focus sur les petits déjeuners est un emploi à temps plein pour nous tous qui aimons tant innover. Nous en tenir aux nourritures matinales demande beaucoup de courage à nos cuisiniers qui, bien des fois, aimeraient nous prouver qu'ils peuvent faire davantage. C'est difficile même pour moi qui découvre chaque deux jours une nouvelle recette dans un nouveau magazine. Quand la volonté flanche, c'est toujours l'engagement à notre mission qui prend la relève. La discipline n'est jamais loin pour nous rappeler que nous ne sommes que des humbles soldats au service du général Soleil.

À l'extérieur de ce rigide focus sur les menus, des dizaines d'autres occasions passent et nous courtisent, régulièrement, depuis vingt ans. Allonger nos heures, cuisiner du prêt-à-emporter, des comptoirs express, des repas du soir, des ventes au détail, en institutions, ouvrir en Chine, à Dubaï, en France, et même en Australie ! Nous apprenons ainsi à demeurer calmes et prudents même lorsqu'un cheikh nous promet la lune dans un 5 à 7.

Ce que nous désirons plus que tout au monde, c'est un réseau fort, en santé et prospère pour nos franchisés, pour nos collaborateurs et pour nous-mêmes. J'avoue que la tentation est grande pour une enragée du développement comme moi, mais le focus sur notre stratégie a toujours été plus fort que mes envies de visionnaire. « Be patient ! » me répond le jeune président lorsque la moutarde me monte au nez. « Si on court, on risque de renverser nos œufs », ajoute-t-il en tordant ma corde sensible. Il sait que je ne veux pas perdre. Depuis le temps que nous travaillons ensemble, il a appris comment déprogrammer, au besoin, mes fringales de conquête. Des fois, je me demande comment il a pu me tenir en laisse. Trop souvent, devant notre monde, on s'est argumenté plus fort que du pop-corn dans un four à micro-ondes.

– Pourquoi pas des comptoirs express au premier étage des tours à bureaux », que je finis par quémander en essayant d'oublier les free-standing le long des autoroutes. Je les vois dans ma tête, que je lui lance lorsqu'il se déplie les jambes pour quitter la pièce.

– C'est ça le problème, maman, ça va trop vite dans ta tête. Tu veux qu'on se concentre pour avancer et toi-même, tu nous jettes en bas du train avec tout ce que tu vois dans ta fameuse tête. Peux-tu patienter un peu ? On va tout faire, *Mother, I promise. Just be patient !*

Je l'écoute parce qu'il a raison. La patience et la prévoyance sont des vertus qui nous ont bien servis jusqu'à maintenant. Dans le fond, je sais que nous allons toujours continuer à prendre de l'expansion. Je suis juste un peu pressée. Peut-être à cause de mon âge et des années qui n'en finissent plus de se défiler.

Bon, promis, cher Soleil, je me calme. Comme toi, je verrai tout cela de là-haut !

LETTRE 21

Les fameuses peurs

Deux jeunes gens vont voir Confucius
avec une colombe blanche dans leurs paumes.
Ils demandent au sage: Est-elle morte ou vivante?
Et Confucius de répondre: La vérité est entre vos mains.

Arrête, Soleil ; je t'entends d'ici rire à gorge déployée. Écoute-moi quand je t'avoue que je n'ai pas toujours été aussi sage qu'aujourd'hui. Je suis très sérieuse et je t'assure que si j'avais lu autant de livres sur comment faire de l'argent que j'en ai lu sur comment vaincre ses peurs, je serais aussi riche que Warren Buffet. Pourtant, bien des fois, plus je lisais, plus ça empirait dans ma tête. Une contrariété survenait, un événement désagréable ou quelques fois une simple erreur de jugement et Paf!, avant même que j'ai le temps de réagir, voilà le mental qui s'emparait de la situation et s'empressait de me faire connaître son raisonnement à lui parce que, bien entendu, le mien était aussi fragile qu'une meringue pas assez fouettée. En ces terribles instants, j'oubliais mes anges et tout ce que j'avais lu sur la ténacité. Une désagréable émotion montait de mes tréfonds en paralysant presque toute réaction de ma part. J'avais beau me débattre en ayant l'air de sourire, j'étais consciente d'être happée vers ce monstre et de devenir son misérable serviteur. Saisie de peur, la moindre anicroche avait le pouvoir de ramener les pires conclusions à mon sujet : pas assez compétente, pas à la bonne place, pas assez intelligente ou pas assez renseignée sur le sujet. C'était toujours négatif.

« La peur engendre la peur », dirait le spécialiste.

La peur me poussait quelques fois si loin dans l'auto-analyse qu'il m'arrivait même de perdre de vue tout mon bataillon de persévérance et, le pire, les raisons pour lesquelles j'avais débuté en affaires. Je sortais de ces crises dont personne n'avait eu le moindre soupçon, fermement décidée à travailler encore plus fort, encore plus longtemps, faisant tout moi-même et voulant prouver à l'univers au grand complet que j'étais la meilleure. Agressive, la plupart du temps, envers la lenteur ou le manque de compétence de mes collègues, je les empêchais bien souvent de performer normalement.

Comme je n'étais jamais convaincue d'être véritablement compétente, mon petit cerveau mal endoctriné s'est longtemps débattu avec la peur de tout ce qui pourrait arriver sans que je m'en aperçoive. Craignant le pire et tout ce qui échappait déjà à mon contrôle immédiat, l'ego finissait toujours par me convaincre qu'ici bas, j'étais seule et impuissante face aux machinations de ce monde. Rien à faire : j'avais besoin de lui pour m'en sortir. Autant retirer un à un les petits pois du ragoût dominical. Ça aussi je l'ai fait en identifiant, disséquant et égorgeant tour à tour chaque idée : que nous avions débuté sans le sous, en pleine récession, que les gens dépensaient beaucoup moins qu'avant, que 95 % des entreprises ne dépassaient pas le cap des cinq ans, qu'un franchisé sur sept ne réussissait pas, et qu'avec l'effondrement des deux tours américaines, on devait plus que jamais s'attendre à un dépérissement mondial.

La peur, certains matins, devenait si épaisse dans ma tête que je la prenais pour réelle. Elle était là, avec moi dans la cuisine, brassant elle aussi, la crème de légumes, et nous étions toutes deux craintives de la faire coller. Y aurait-il assez de clients pour payer nos factures ? Assez d'appétit dans leurs ventres pour nourrir mes ambitions ? Assez de lumière dans ma caverne pour que je puisse y déchiffrer les fameuses lois régissant cet univers ? En ouvrant le gaz à l'aube ou en lavant la dernière tasse en fin d'après-midi, je m'interrogeais continuellement sur notre avenir. Intellectuelle, analytique et un tantinet sceptique, j'étais un terreau fertile pour que le doute prenne racine. Heureusement que la carcasse restait debout, enserrée dans les longs cordons du tablier blanc. Elle s'activait des jambes et des bras entre le froid et le chaud, les lèvres colorées rouge et souriantes malgré l'affrontement du pour et du contre, se vidant de leurs substances, à l'intérieur de moi.

Toi seul le sais, cher Soleil, combien il en a fallu d'assiettes de nourriture à préparer avant que je finisse par comprendre que le vainqueur est celui que tu nourris le mieux. Tant et aussi longtemps que j'ai donné de l'importance à la peur, c'est elle qui a grandi en moi mais lorsque j'ai eu confiance en la vie, c'est la vie elle-même qui m'a fait confiance avec mes rêves. Il a fallu toutes ces années avec l'inquiétude accrochée à mes flancs de héros avant que je puisse accepter dans mon cœur l'aide gratuite d'une énergie supérieure à la mienne. En insistant pour comprendre à tous prix, j'ai tellement retardé l'arrivée de la grâce. Parce que je n'avais jamais le temps de parcourir la distance chaotique entre mon cerveau et mon cœur, je nourrissais le démon le plus accessible. J'aimais, je l'avoue, les longues tergiversations de mon mental, alors déguisé en Socrate pour me plaire. J'aimais les livres savants sur l'estime de soi et la confiance en son propre potentiel ; les théories et tous ces théoriciens dont la dernière découverte est toujours la plus pertinente pour raffermir notre volonté. J'ai fais chacun des exercices prescrits par ces bonzes ; noircissant des dizaines de pages de résolutions à suivre ; invoquant, sollicitant, me parlant dans le miroir ou priant l'étrange maître des muscles cérébraux. Je voulais tellement exceller dans mon travail que je m'empêchais de ressentir. Probablement parce que l'inactivité est la chose la plus troublante pour les gens d'action, je refusais d'écouter mes émotions. Le cœur, comme à leur tour les enfants, le spa, le plaisir ou la recherche du prince charmant, le cœur attendrait à plus tard, que je me disais. Voilà pourtant l'arnaque la plus subtile des multiples visages qu'emprunte la peur : nous faire croire que nous sommes des surhommes ; que notre démesure est courageuse ; que nos abnégations sont purifiantes et qu'il y a un prix à payer pour passer de l'indigence au confort. J'ai consenti aux multiples exagérations que m'imposaient l'insécurité financière, le manque de confiance en moi, le manque d'expérience pertinente, le manque d'amour et la solitude inhérente au rôle de patron.

Oui, je te le confesse, immense Soleil, je voulais moi aussi être un héros ; une personne digne d'être née et qui ne ferait pas honte à son Créateur. Toujours incertaine de son amour, je voulais payer le prix et m'assurer d'une place dans son Paradis. J'ai eu peur plus souvent qu'à mon tour et, le pire, c'est que je n'en parlais à personne. J'avais peur de décevoir mon entourage, décevoir mes enfants et aussi les gens qui travaillaient avec moi. J'avais honte d'avoir peur ; honte d'être faible et complètement démunie devant le comité d'experts attablés dans ma tête et me suggérant pour la énième fois le tout dernier séminaire de croissance personnelle. Des fois je pense que si j'avais été une fève grimpante, j'aurais certainement atteint le ciel à force de croître ici-bas. Aujourd'hui, je comprends que la peur n'existe pas ailleurs que dans notre mental, et que c'est nous qui lui donnons du tonus en nous y intéressant quotidiennement. Je suppose que cela aussi fait partie du cheminement, du chemin de croix avant la résurrection.

Pendant toute mon adolescence, je me suis écrite une interminable lettre à moi-même pour essayer de comprendre ce monde et la place que j'y occupais. Puis, les enfants sont arrivés en bousculant mes paragraphes. Le mariage défait, le mari parti, le commerce a débuté avec la même intention que le journal personnel : comprendre comment fonctionne l'univers, et ce que nous y faisions. Lorsque j'implorais chaque matin la lumière d'en haut pour apprendre, Dieu m'envoyait le courage pour servir. Et le soir, abrutie de fatigue, lorsque je le remerciais pour l'argent de la caisse, Il murmurait dans mon oreille une nouvelle idée de plat du jour qui, à chaque fois, m'endormait avec la hâte de me réveiller le lendemain. Il était toujours là avec moi, en moi, immobile et patient, attendant que je découvre son efficacité. Étirant jusqu'à la limite, certains jours, les affres du désespoir ou permettant à l'angoisse de ralentir mon avance ou d'amoindrir ma vitalité, Il savait attendre que l'orage passe, ayant davantage confiance en moi que moi-même. Impassible et tout- puissant, Il a attendu toutes ces années que s'ouvre la porte de mon cœur. En père parfait, il a su me donner le temps, les circonstances, les rencontres et les expérimentations nécessaires à ce que je réussisse à extérioriser le meilleur de moi-même. Sachant vraiment qui j'étais, Il a su me laisser libre, heureuse et malheureuse, avec une divinité patientant sur mon perron. Je sais, Soleil, que les nuages n'ont pas fini de pleurer ni moi d'égorger des crapauds sur ma route. Devant autant d'amour, la peur a fondu, et l'inquiétude s'est enfuie. Désormais consciente d'être aimée, je ne peux plus être effrayée. Finalement, triompher de la peur, c'est triompher de nous-mêmes ; triompher de notre ego égocentrique et consentir à se tourner vers les autres pour donner et pour aimer. On ne devient pas entrepreneur en criant ciseaux. C'est un long cheminement. Parce que j'étais convaincue de la validité de notre recette d'affaires, j'ai été capable de me tourner vers mes partenaires franchisés et d'avoir à cœur leur réussite ; j'ai été capable de penser d'abord à eux en prenant nos décisions d'entreprise.

Je suis heureuse aujourd'hui, cher Soleil, de constater que mes propres enfants, malgré le peu de soins que j'ai pu leur donner, sont quand même capables de vivre en ayant foi en la vie et en l'avenir. Justement parce qu'ils ne croient pas au Bonhomme Sept Heures ni à aucune de ces chimères, ils sauront prendre le gouvernail et t'amener toujours plus loin.

Bénir ce qui nous contrarie est la forme d'abandon spirituel
qui peut améliorer les situations les plus difficiles.
Bénir ce qui nous arrive nous apprend également
à faire davantage confiance à la vie.

LETTRE 22

L'adversité

« À vaincre sans péril, on triomphe sans gloire. »
LE COMTE DANS *LE CID*, DE CORNEILLE

Wow ! Soleil, je suis dans le journal avec mes héros.

Toute une grande page du Toronto Star du 12 septembre 2010 parle des gagnants de la récession, de ceux qui ont su avancer malgré la conjoncture économique de 2009 plutôt boiteuse. Tu t'imagines, Soleil, il n'y a pas si longtemps, je lisais les biographies de ces géants-là chaque soir en m'endormant ; pour qu'un trait de leur caractère puisse m'inspirer, pour qu'une réflexion, une manière d'agir exemplaire s'imprime dans ma caboche affamée d'apprendre. Nous avons, malgré l'économie difficile, ouvert dix-neuf restaurants en 2009 ; ce n'est pas rien mais de là à ce que nous figurions sur la même page que Steve Jobs ? Je pense qu'on a eu besoin de mettre une femme pour ne être pas traité de machos, ou qu'on voulait quelqu'un d'autre du Québec avec Alain Bouchard, ou quelqu'un d'un commerce de détail, quelqu'un d'un réseau ou tout probablement quelqu'un d'une compagnie privée pour stimuler le démarrage d'entreprises.

C'est fatiguant pour moi de voir à quel point je ne peux jamais complètement me réjouir de gagner un gros prix ou de faire l'objet d'un bel article dans les médias. Parce qu'au fond de moi, j'ai toujours cette satanée impression de ne pas être à la hauteur ou de ne pas en avoir fait autant que bien d'autres femmes qui mériteraient de gagner avant moi. Je n'ai jamais vraiment voulu participer aux nombreux concours pour entrepreneurs mais, Dieu merci, mon équipe veut gagner cent fois plus que moi et je les laisse faire en prétendant, pour la forme, qu'on a de grandes chances. J'ai peut-être acquis, à cause de mes nombreuses lectures, des montagnes de connaissances pertinentes sur mon travail, mais ça ne fait pas de moi une gagnante experte. J'ai encore beaucoup de croûtes à manger pour me qualifier. Gagner maintenant, c'est comme ajouter une petite goutte de vinaigre dans mon café : une légère impression d'imposture qui s'accroche à mes mots de remerciement. C'est ainsi que pour chacun de mes trophées, j'ai toujours dans ma tête une bonne raison pour ne pas l'avoir gagné. Je suis du genre qui pense que recevoir le prix, ce n'est jamais aussi excitant que de le désirer. Dans ma tête, je ne suis jamais à récolter les blés d'Indes mais à les planter encore et encore, le plus loin possible. L'énergumène que je suis aimerais être une poule juchée sur l'épaule des experts et entendre ce qu'ils diront s'ils se penchent un jour sur mon cas !

Peut-être qu'en continuant d'écrire, je finirai par disséquer complètement cet oiseau hystérique, je vais l'ouvrir comme un lapin sur la table et le décortiquer une fois pour toutes.

Combien de fois ça m'est arrivé qu'une catastrophe me désolidarise les entrailles ? En commençant par l'ouverture du deuxième Cora, lorsque notre voisin, une grosse brochetterie grecque, a voulu nous poursuivre parce que notre déjeuner dérangeait son méga brunch du dimanche. Il nous réclamait cinq cent mille dollars, sous prétexte que nous n'avions pas le droit d'être sur la même place commerciale que lui, en invoquant une clause d'exclusivité inscrite dans son bail. Cette situation m'a fait rencontrer, en 1990, le premier véritable avocat de toute ma carrière. Je me suis présentée à son bureau de la Place Ville-Marie avec un énorme gâteau strudel pommes-cannelle.

L'avocat fut surpris et un peu gêné de m'avouer que ce gâteau faisait partie de l'héritage gastronomique de ses ancêtres juifs. J'ai eu l'impression que ce bref moment de nostalgie avait stimulé chez lui le flot d'informations importantes qu'il me déversa ensuite. Tu t'en doutes, mon Soleil, j'avais les oreilles ouvertes comme des gueules de loups se préparant au combat.

– Absolument que je me conforme aux articles de mon propre bail, Maître. J'étais sur la plaza avant la brochetterie. Je peux le prouver, et par écrit si nécessaire.

– Faites-le et envoyez-moi votre travail pour que j'y voie plus clair.

Des quelque vingt pages expédiées à maître Salinger, il en distilla quatre pour envoyer à la partie adverse. J'appris quelques semaines plus tard que le restaurateur grec avait retiré sa plainte. Désormais, nous partagerions même le stationnement sans avoir à installer ces frustrantes petites plaquettes de Réservé pour tel ou tel commerçant.

Si notre corps était une maison, c'est le cœur qui en serait la cuisine parce que c'est de là que sortent toutes les pâtisseries offertes pour faire plaisir.

Puis il y a eu cette autre fois, en 1999, où j'ai eu à affronter l'ensemble de mes trente premiers franchisés soudainement ligués contre moi. Quel effroyable temps que celui où un franchiseur honnête doit subir pour la première fois une association de franchisés. Même si on entend dans les salons, les collègues raconter leurs arias, ce n'est jamais aussi douloureux que lorsque nos propres franchisés se mettent à douter de l'intégrité de nos agissements. Même si chacun pris à part me bredouillait son assentiment, réunis ensemble ils étaient des tigres capables de réduire mon intelligence en bouillie pour chats. Ils avaient pris conseil et élu, comme partout ailleurs, les plus téméraires comme représentants. Je n'oublierai jamais ce temps noir où n'importe laquelle de mes réactions se transformait dans leurs bouches en pistolet sur mon front. J'ai pleuré des nuits entières en essayant d'être forte. Je ne pouvais absolument pas comprendre comment les franchisés pouvaient douter de nos bonnes intentions. Les experts m'ont même recommandé de ne plus leur parler directement. Tu t'imagines, Soleil, la peine et la rage qui se bataillaient en moi. Combien d'heures j'ai prié, agenouillée dans ma tête. Combien d'invocations j'ai adressées à tous les saints du ciel, tantôt sérieuse comme un pape, tantôt enragée comme un démon.

Je me souviens particulièrement d'un certain mardi soir dans un hôtel de Trois-Rivières. Ils étaient tous là, droits sur leurs chaises comme des lampions brûlant uniquement pour eux-mêmes. Leur président s'est levé et m'a demandé droit dans les yeux ce que j'allais faire maintenant que les franchisés n'avaient plus confiance en moi. À cet instant précis, si je n'avais pas cru en Dieu, l'impuissance m'aurait dévorée tout rond. Mais je me suis levée, je les ai tous regardés avec amour et je leur ai dit que je comprenais et que nous allions nous en sortir parce que moi, j'avais confiance en eux, confiance en nos efforts concertés et confiance en notre capacité à mener le réseau Cora à la victoire. Dès le lendemain, on aurait dit que des trous commençaient à apparaître dans la hargne de leurs délégués. Puis, un fracassant rapport externe d'enquête sur nos pratiques d'achats et de revente de nourriture à nos franchisés vint leur confirmer que non seulement le franchiseur était sans reproche, mais que bien souvent il transigeait avec des marges de bénéfice inférieures à celles habituellement perçues dans l'industrie.

Le plus difficile pour nous après cette tempête a été de ne pas en tenir rigueur aux franchisés. Lorsqu'on s'adonnait à en rencontrer un séparément des autres, et qu'il s'empressait de nous convaincre qu'il avait signé la pétition mais qu'il ne partageait pas nécessairement l'opinion du groupe, je voulais l'égorger de mes propres mains. Mais, au lieu de cela, je tendais mes bras vers son cou et je le collais à ma veste, comme une vraie mère l'aurait fait. J'en étais une mais je dois avouer que l'association a pas mal égratigné mes réflexes de mère poule. Je suis devenue plus mature et beaucoup plus informée sur la psychologie des groupes. J'ai cessé de couver mes œufs plus longtemps que nécessaire et suis devenue plus professionnelle et même plus intransigeante quant au paiement des factures dues au franchiseur. Il était grand temps que nous apprenions à nous comporter comme nos héros franchiseurs. Nous nous apprêtions, à cette époque, à aller en Ontario et nous n'allions pas répéter le tralala des poussins qui ont peur que maman les délaisse. Avec le recul et malgré les douleurs émotionnelles reliées aux événements, on pourrait dire que l'association nous a fait beaucoup de bien. Elle a renforci nos équipes, notre discipline, et certainement nos caractères de dirigeants. De plus, comme l'a fait remarqué un avocat expert en franchisage, on est chanceux que cette épreuve soit arrivée relativement tôt dans notre histoire pour que nous en tirions des leçons. Tout ce qui nous arrive est un long apprentissage de notre métier.

LETTRE 23

Le voyage à Paris

Un patron irremplaçable est un salaire inutile
CORA

Cher Soleil,

C'est la complainte du vent qui m'a réveillée ce matin. Comme s'il allait déraciner mon habitat à force de s'enrouler autour. J'ai eu peur que le toit ne s'envole, et je me suis levée.

La première fois que les enfants m'ont sortie de la cuisine du premier Cora, c'était avec un forfait d'une semaine à Paris, chambre avec vue sur la Tour Eiffel et un beau chèque de voyage de cinq cents dollars pour mes petites dépenses, ont-ils ajouté candidement. Ça faisait quatorze mois que je travaillais, sept jours sur sept, sans avoir pris une seule journée de repos. J'avais trop peur d'abandonner mon bébé, peur qu'un client avale un os de poulet, peur qu'un vent violent arrache une fenêtre ! J'avais surtout peur que si je n'étais pas là, tout irait de travers, que les clients ne reviendraient plus, « que le monde arrêterait de tourner », comme m'avait lancé ma fille. Ils ont quand même acheté le billet d'avion et choisi Paris parce qu'ils m'avaient entendu dire au plombier que c'était mon rêve d'y aller. Juste de savoir que je devais partir le samedi suivant m'a empêché de dormir quatre nuits d'affilée.

– Fais-nous confiance maman. Les billets ne sont pas remboursables, tu dois y aller.

J'y suis allée et j'ai dormi les trois premiers jours dans la chambrette avec vue sur la Tour Eiffel. Le reste du temps, j'ai marché dans les rues comme un robot déconnecté de sa source d'alimentation. Je suppose que Paris est magnifique quand nos yeux sont disponibles mais les miens surveillaient les corneilles volant au-dessus de mon boui-boui. Comment avais-je pu me laisser convaincre de l'abandonner ?

– Pour te reposer, maman, tu vas prendre une semaine de vacances pour te la couler douce et te reposer. On a acheté le forfait avec l'argent que Titan (mon premier fils) nous a envoyé des États-Unis. Alors, relaxe et réjouis-toi. On t'aime et on va prendre soin du restaurant.

Les pauvres poussins, comment peuvent-ils comprendre que ce n'est pas le restaurant qui a besoin de moi, mais moi qui ai besoin de lui ? Comment leur avouer que même en dormant je tourne des œufs ou plie des crêpes ? Comment leur expliquer que je fais partie du mobilier du resto ; que lorsque les clients arrivent, ce sont eux qui me nourrissent ? Dans le gros avion qui me ramenait, par le hublot, j'ai vu le monde enveloppé dans la ouate. J'avais tellement hâte de toucher le sol, hâte de revoir les enfants, hâte de remettre mon tablier et de cuisiner une crème de potiron à la française. Dans la soute, ma valise était remplie de nouveaux livres de crêpes aux garnitures et pliures extravagantes. J'avais tellement envie d'étaler ce nouveau savoir, de parler aux enfants des coulis de fruits que j'avais goûtés, du café moka et des extraordinaires saveurs du pur beurre en brioche.

Jamais, je n'aurais pu imaginer la réalité dans laquelle j'ai atterri ce samedi-là, à 17 h 45, heure locale de Montréal. J'espérais mes enfants, et c'est Guillaume, le plongeur, qui m'attendait à la porte d'arrivée de l'aéroport. Sa veste blanche maculée de jaunes d'œufs au ketchup détonnait parmi la foule de familles aux bras grands ouverts.

– J'arrive directement du resto ; laisse-moi prendre ta valise, boss.

– Est-il arrivé quelque chose ? Où sont les enfants ?

– Je viens de finir la vaisselle. Tout baigne dans l'huile, boss.

Et moi, je suis le beignet ! ai-je eu le goût de lui répondre mais je me suis retenue. Encore chanceuse de pas avoir eu à prendre la navette publique jusqu'à la prochaine station de métro. Julia avait raison, le monde n'avait pas arrêté de tourner durant mon absence. Le resto n'avait pas été emporté par le vent, et les ventes, selon Guillaume, n'avaient jamais été aussi fortes.

Le lendemain, un court instant, j'ai eu l'impression d'entrer dans un film déjà commencé. Tout roulait : Julia à la plaque chauffante, Nicholas transvidant son mélange à crêpes, et Marie qui, avec quatre grosses assiettes de nourriture dans ses petites mains, avançait vers la table ronde.

-Youhouhou, je suis là, ai-je eu envie de crier mais je me suis tue.

Telle une souris sur un plateau de fromage, j'ai traversé le casse-croûte animé en essayant de faire le moins de bruit possible. Je suis descendue au sous-sol et, assise sur une chaudière de margarine retournée, j'ai laissé couler l'océan de tristesse qui inondait mon cœur.

– Tout baigne dans l'huile, que je me répétais. Et les oisillons n'ont plus besoin que je leur apporte dans le bec des petits vers bien choisis. Ils ont grandis. Ils ont raison. Je ne suis plus indispensable au resto.

– Maman, cria Julia d'en haut, le vendeur de Delipro veut te parler d'une nouvelle coupe de jambon. Est-ce que ça t'intéresse ?

Tout m'intéressait dans la cuisine et surtout tout ce qui concernait notre spécialité de déjeuners. Dès le lendemain, on s'est mis à pratiquer la dizaine de bonnes idées que j'avais ramenées de Paris, et la planète s'est remise à tourner comme avant mon voyage. Sauf que, bien souvent je quittais le resto plus tôt, juste après le service du dîner et personne ne s'en plaignait. Je commençais juste à comprendre que notre spécialité de déjeuners devenait rapidement plus grande que le casse-croûte, plus indépendante et plus importante que la cuisinière que j'étais. C'est avec cette petite parcelle de compréhension que je me suis mise à arpenter la ville, à la recherche d'un nouvel emplacement. Quelque temps plus tard, voyant le deuxième ou troisième restaurant Cora sortir du néant, les détracteurs commencèrent à dire que le phénomène serait de courte durée ; qu'une fois la mère poule dispersée, l'exploit fondrait comme un glaçon au soleil.

J'étais dans les cuisines, mais je n'y étais plus seule avec des aides. J'y étais avec les futurs cuisiniers Cora ; ceux-là même qui bientôt prendraient ma place sans qu'un seul client ne s'en aperçoive. Je savais au fond de moi que ce « concept Cora » comme l'appelleront les gens instruits, ce concept était déjà une créature à part entière et sans être encore capable d'articuler clairement tout ce qui nous arrivait, j'allais de l'avant, ouverture après ouverture, en suppliant nos premiers cuisiniers Martin, Laflèche, Yves, de même que les enfants, de me rappeler qu'un patron irremplaçable est un salaire inutile.

LETTRE 24

Le Sachertorte

Faites en sorte que vos actes soient garants de votre valeur,
mais méfiez-vous constamment des pièges terribles
de l'orgueil et de la vanité qui risquent de nuire
à votre progrès. La prochaine fois que vous serez tenté
de vous vanter, plonger le poing dans un grand seau
d'eau froide. Et quand vous le retirerez, le trou
que vous verrez dans l'eau vous donnera une idée précise
de votre importance.

OG MANDINO, RÈGLE NUMÉRO SIX
POUR UNE MEILLEURE FAÇON DE VIVRE

Cher Soleil,

Je t'assure que c'est souvent tentant de me trouver irremplaçable, talentueuse et meilleure que bien d'autres. Pourtant, c'est ce satané désir de faire plaisir au monde, c'est lui qui m'a gardé alerte et espiègle toutes ces années. Je me souviens, c'était vers la mi-octobre, et on venait d'ouvrir le troisième resto avec une vingtaine de citrouilles transformées en sorcières sous les couteaux de nos jeunes cuisiniers lorsqu'un nouveau client a agrandi mes propres orbites oculaires en me racontant, dans un français germanique enrobé de passion, l'origine du fameux gâteau Sachertorte. L'histoire remonte à l'année 1832 lorsque Klemens Wenzel von Metternich, (alias le prince Metternich, politicien et homme d'état considéré comme un des plus habiles diplomates de l'Histoire) présente une demande bien précise à ses cuisiniers : un dessert exceptionnel, capable d'impressionner une délégation d'invités de hauts rangs particulièrement exigeants. Comme son chef pâtissier est retenu à la maison pour cause de maladie, la tâche revient donc à un jeune apprenti de 16 ans dénommé Frank Sacher. Le gâteau au chocolat moelleux garni de confitures d'abricots confectionné par l'apprenti et présenté aux convives le soir même fut tellement réussi qu'on le nomma du nom de son créateur et qu'on le considère encore aujourd'hui avec tous les égards d'un trésor national. Je m'en souviens comme si c'était hier : je n'ai pas pu résister à cette histoire et je me suis mise à noter les ingrédients à mesure que l'homme les sortait de sa mémoire. J'ai vite deviné que ce gaillard en bottes de construction était en réalité un pâtissier déraciné depuis tellement longtemps qu'on pouvait entendre une certaine nostalgie viennoise sangloter à travers les mots de son récit.

– Le Sachertorte est une œuvre d'art ! conclut l'homme en pâmoison.

Un genre de gâteau au chocolat si précieux qu'il fallait battre séparément les cinq jaunes d'oeufs à la fourchette et fouetter ailleurs les blancs jusqu'à ce qu'ils moussent. On devait fondre le chocolat noir non sucré au bain-marie, passer au tamis la confiture d'abricots et surtout attendre que le glaçage ait bien séché avant de servir.

– Laissez faire votre pouding chômeur, madame, je suis déjà en retard. Faut que je file !

Je voulais fondre à mon tour, gênée de la précarité de notre dessert, devant cet homme qui portait probablement tout le G7 gastronomique sous son casque de polythène. Ça m'était pourtant arrivé des dizaines de fois qu'un client m'apporte une recette ou me demande un conseil pour son repas du soir. Je n'étais pas une cuisinière érudite ni sortie d'une école quelconque. J'étais moi aussi une apprentie ne connaissant rien d'autre que ce que j'avais moi-même concocté avec la nourriture matinale trouvée devant moi. Mais j'étais curieuse, audacieuse et passionnée de tout ce qui pouvait inciter une figure à sourire de contentement. Je rêvais que tous mes déjeuners soient des Sachertorte pour nos clients. Je rêvais qu'ils les transportent dans leurs cœurs lorsqu'ils s'éloignaient et qu'ils les aient dans leur mémoire comme le plus évident des festins.

C'est ainsi que j'apprenais mon métier : en écoutant, et en observant dans la figure des clients l'éveil de leurs émotions de plaisir.

Tu t'en doutes, cher Soleil, je n'ai pas pu résister à cette occasion de tester mon expertise et j'ai fais la recette du Sachertorte, le soir même à la maison. J'ai mis une nouvelle cassette d'Andréa Boccelli dans le lecteur, et les œufs dans l'eau tiède, une seconde pour les ramener à température pièce. J'avais justement reçu une grosse cloche à gâteau en cadeau et, en brassant le mélange, j'imaginais déjà le délice faisant son entrée, le lendemain, dans la cuisine du restaurant. Est-ce l'orgueil ou uniquement ce désir de faire plaisir, je ne sais pas, mais j'ai eu la dextérité nécessaire et j'ai réussi le chef d'œuvre chocolaté dont le glaçage allait avoir amplement de temps pour sécher : toute une nuit pendant laquelle j'ai valsé en rêve avec l'autrichien suffisamment rajeuni pour me plaire.

Encore toute excitée, je me suis réveillée le lendemain, trente minutes plus tard que d'habitude. J'allais être en retard. J'ai dû me préparer en deux minutes et je suis sortie de la maison avec mon prince en chocolat sous la cloche transparente. J'ai vite réalisé que j'avais oublié mes clés à l'intérieur. J'ai alors posé la cloche sur le toit de la Honda et suis retournée dans la maison. Où avais-je donc mis ces damnées clés que même en temps normal, j'égarais un jour sur deux ? Dix minutes plus tard, je les ai trouvées sous un empilage de grands bols à mélanger inutilisés. Je me suis empressée de retourner à la voiture, d'allumer le contact et de filer vers le restaurant où déjà, tout probablement, quelques clients devaient attendre en piétinant de froid à l'extérieur. J'ai ouvert les portes en m'excusant et je me suis précipitée pour ouvrir les feux sous la machine à café. Ce liquide matinal avait le pouvoir de tout faire pardonner. Je le savais ! Ce n'est qu'en entrant dans la cuisine les bras vides que je me suis souvenu du gâteau. J'ai eu la naïveté de courir au parking, vérifier le toit de ma Honda, pour voir si le gâteau y était encore.

Ce satané désir de faire plaisir au monde, il m'en aura bouffé de la houille blanche en utilisant les plus farfelues des situations pour m'enseigner, bien souvent juste pour extirper ma fierté personnelle d'une bonne intention. Dieu merci, l'exilé n'est jamais revenu au resto mais j'ai quand même passé des semaines à me demander quand au juste, à quel endroit précis, dans quelle pente du parcours, mon prince Sacher avait sauté dans le vide ? Jusqu'à ce que je déménage deux ans plus tard, je ne me suis plus jamais rendue au travail sans penser à lui. Je l'imaginais, majestueux, se scindant en deux malgré le glaçage hermétique. Je voyais la cloche stupéfaite glisser malgré elle vers le gouffre. J'entendais le fracas du verre atterri, la déconfiture des abricots et le piaillement des oiseaux indécis devant ce curieux amas de miettes noires.

C'est ainsi que les corneilles me déracinèrent l'orgueil chaque fois que je tentais de m'adoniser. Chaque fois que l'arrogance s'apprêtait à me grimper dans le chignon. L'univers a tout manœuvré pour que mon désir de faire plaisir reste pur, gratuit et complètement désintéressé. Il a fait de moi une parfaite apprentie dont l'unique récompense sera la gloire de son maître. Tu réalises, Soleil, à quel point je t'aime. Avoir sacrifié mes princes les uns après les autres parce qu'il me fallait chaque jour ouvrir ton palais et cuisiner jusqu'à épuisement ? Je pense des fois que nous pourrions, toi et moi, être mentionnés dans le livre des records Guiness ? Une si intense dévotion, une si belle histoire d'amour ?

Une fois devenu chef qualifié, Frank Sacher travailla à son propre compte, produisant de nouveau son gâteau distinctif sur une plus grande échelle. En peu de temps, la grande demande pour son gâteau hors du commun le poussa à dépasser ses propres limites de cuisinier, à développer de nouvelles compétences et à devenir maître d'œuvre d'établissements portant son nom et servant en milliers d'exemplaires, ses délicieuses créations.

Wow ! Soleil, serais-je dans la bonne voie ?

LETTRE 25

C'est Noël

L'oiseau est déjà dépecé et gardé en tranches épaisses dans un plat de service auquel j'ajouterai, à la dernière minute, une sauce plus claire et plus blonde, faite en épaississant légèrement le bouillon dans la rôtissoire.

CORA

C'est Noël, mon cher Soleil,

Me voici comme à chaque année, barbotant dans la cuisine familiale. Dans le four à 350° F cinq tourtières finissent de bronzer pendant que sur le feu, les boulettes du ragoût s'entrechoquent en mijotant dans la sauce épaissie à la farine grillée. Comme à chaque année, tout est prêt à temps pour le souper précédant la distribution des cadeaux. Les enfants arriveront vers 17 h 30 avec leurs enfants aux yeux en point d'interrogation tellement ils se seront demandés si grand-maman aura suivi leurs suggestions de cadeaux. L'oiseau est déjà dépecé et gardé en tranches épaisses dans un plat de service auquel j'ajouterai, à la dernière minute, une sauce plus claire et plus blonde, faite en épaississant légèrement le bouillon dans la rôtissoire. Il y a aussi, sur le dessus du four, trois plats de pyrex remplis de légumes : patates pilées, purée de carottes et navets, et gratin de patates douces aux pacanes. Des cornichons, une gelée de canneberges et un ketchup aux fruits complètent la table de seize couverts.

Comme à chaque année, tout est prêt avant même qu'ils arrivent, et j'ai le temps de m'asseoir contre le poêle à essayer d'aligner dans ma tête chacun des soupers de Noël qui se sont déroulés sans tout à fait se ressembler. Avec les petits-enfants qui grandissent, leurs parents qui blanchissent, et moi, cachée sous mes blancs de cuisinière, j'ai l'impression d'avoir encore le même âge depuis toujours. Depuis que j'ai débuté ce métier de cuisine, il n'y a que les recettes qui changent et évoluent. L'artisan reste le même, responsable du travail à accomplir, bien intentionné et patient. C'est peut-être pour ça que je suis, encore aujourd'hui, à cuisiner pour mes enfants de plus de quarante ans. Ces valeurs qui se sont accrochées à moi à mesure que j'avançais, quelles sont-elles ? Qu'est-ce donc qui me fait encore me lever le matin, qui me pousse comme une marée haute à vouloir accomplir, à vouloir encore collaborer, à avoir cuisiné pour la énième fois ce souper de Noël malgré mon horaire marathonien de ces derniers mois ?

J'ai pourtant l'impression certains soirs, à certains retours de voyage, que mon réservoir d'énergie est complètement à sec, mais Hop ! Devant la tâche, il y a toujours une nouvelle force qui se pointe pour agir, qui me pousse vers l'aboutissement des choses. D'autres jours, c'est comme un infatigable désir de transformer la réalité ; d'en faire ce que moi j'y vois comme possibilité. Et ça recommence inlassablement dans ma tête comme si j'avais l'occiput converti en chaîne de montage avec toutes ces embryons d'idées défilant sur leur rail, s'approchant, l'un après l'autre, du moment où chacun deviendra l'idée prioritaire. Ma tête est non seulement remplie de restaurants à ouvrir mais de ces centaines de possibilités qui essaient de se faire un chemin vers la réalité.

17 h 25 : Encore aucune trace dans la neige de l'entrée. Les feux sont éteints, et les boulettes figées dans leur sauce. Figé comme mon esprit en cet instant qui lui aussi s'immobilise dans l'éternelle expectative d'une surprise qui n'arrive jamais. La raison me le chuchote, mais mon cœur a déjà toutes ses portes ouvertes pour les accueillir depuis 15h. Mais, ils ne me surprennent jamais, tellement convaincus dans leurs têtes que maman est à la hauteur de la situation. Que je le veuille ou non, je porte le vêtement que je me suis moi-même confectionné. Je suis devenue ce

que j'ai pratiqué durant toutes ces années : compétence, détermination, discipline et fiabilité. Pourquoi vouloir jouer à la bonne mère qui attend que sa fille apporte le dessert ?

17 h 42 : Je rajoute un peu d'eau chaude dans le jus et j'active mes paupières.

– Allons voir dans le salon si tous les cadeaux sont bien identifiés.

Les petits enfants doivent s'impatienter dans l'automobile, j'en suis certaine. Ma petite Penny qui rêve certainement à son DSI rose fuchsia qu'elle m'a fait promettre de lui donner. Sa mère m'a d'ailleurs affirmé qu'en ce qui concerne les cadeaux de Noël, sa fille a plus confiance en moi qu'au Père Noël. C'est une autre valeur, ce que la petite a remarqué : je suis digne de confiance. On peut compter sur moi, même si moi-même, j'ai été la dernière à vraiment le constater. Toutes ces années dans le commerce, avec si peu de qualifications pertinentes, si peu d'études en la matière et si peu d'argent, m'ont donné la trouille plus souvent qu'à mon tour jusqu'à ce que je comprenne que ce dont le business a besoin, c'est de travail, de dévotion et de persévérance. J'ai découvert que l'artiste en moi était aussi capable de s'organiser. J'ai certainement dû apprendre ça durant les dissections méthodiques de souris du cours de sciences que je détestais au collège. À force de vouloir avancer, j'ai acquis une qualité indispensable au succès : la discipline. Être capable, devant l'objectif, de m'arrêter, de réfléchir, de faire un plan et d'en suivre méthodiquement les étapes jusqu'à l'atteinte du but. Ça, c'est de l'or en barre, et ça ne perd jamais sa valeur. La plupart des gens pensent que la discipline est contraire à la liberté. C'est tout l'opposé, la discipline nous donne des ailes parce qu'on sait qu'avec elle on peut traverser n'importe quelle épreuve. Lorsqu'il pleut des crapauds et qu'on a le réflexe de s'arrêter pour réfléchir, pour examiner la situation, même de prendre un calepin et écrire sur deux colonnes nos valeurs et nos événements, on finit par identifier la source du problème ou de la souffrance. C'est pratiquement toujours lorsqu'on dévie de notre propre cohérence, lorsqu'on agit contre nos valeurs, contre notre intuition, que le malheur s'installe.

18 h 22 : Un vroum vroum grimpe la pente enneigée. Dans ma tête, tous les batraciens se changent en princes. Ils arrivent.

– Tout finit toujours par arriver ! murmure la grosse salière.

Ils entrent, tels de véritables cadeaux aux bras chargés de cadeaux, s'enthousiasmant des délicieuses odeurs qui envahissent la maison. Ils ont faim comme à chaque Noël de tout ce que leurs jeunes esprits ont l'audace de désirer. Je réajuste mon tablier et mes pensées. J'aime tellement qu'ils soient ainsi, convaincus de mon amour. Cet amour sauvage et maladroit ne m'a-t-il pas façonnée à la longue ? M'apprenant le courage et la générosité dans l'action, la dévotion, la compétence et la sincérité ajoutées à mes gestes. Le tout faisant de moi entraide et tolérance. À table, les amis des enfants proposent un toast à la cuisinière ! Le clic des coupes est une douce musique à mes oreilles.

– Où est la dinde, grand-maman ? demande Solo

– As-tu mon DSI rose, grand-maman ?

– C'est la fête d'Alex ! nous rappelle le grand Zack.

– Est-ce un IPOD Touch, cette petite boîte accrochée dans le sapin ? demande Nicky.

Tellement d'attentes et tellement de joies que j'en ai oubliées, cette année, de mettre à décongeler mes tartes au sucre pour l'ami Marco !

LETTRE 26

Une recette de vie

Celui qui déplace une montagne le fait
en déplaçant de petites pierres.
CONFUCIUS

Cher Soleil, ce matin, en pyjama sur le divan, j'ai pris un crayon et du papier pour écrire mes valeurs glanées depuis cinquante ans ; ce qui compte le plus pour moi depuis que je suis dans l'action. C'est pertinent d'y penser aujourd'hui, le 25, après le brouhaha du réveillon et des cadeaux matériels que chacun s'échange allègrement.

Au pied du mur ou la tête sous le couperet, je dirais que ce qui est le plus important pour moi, c'est la famille pour mes enfants ; le travail pour la possibilité de créer ; la spiritualité pour l'intégrité et la générosité ; et finalement la compétence pour l'intelligence et le progrès.

Mes enfants sont les racines du bel arbre que je suis devenue. Sans eux, j'ai l'impression que je n'aurais aucune définition valable. Sans eux, je n'aurais rien fait d'important. Dès le berceau, mes petits m'ont tout enseignée. Chaque jour, ils ont quémandé de l'amour jusqu'à ce que j'apprenne que donner est supérieur à recevoir. Les enfants ont donné un but à mon existence, une direction, et la meilleure raison pour moi d'avoir encore les yeux grands ouverts. Sans eux, je vivoterais, seule et prisonnière d'un intolérable sentiment d'inachevé. Parce qu'ils m'ont choisie entre toutes, je suis devenue précieuse et considérée. J'ai pris goût à l'aventure de vivre pour eux d'abord, et pour moi-même en vieillissant. Je sais aujourd'hui qu'ils achèvent leurs rôles dans ma vie, et même si tout mon vécu s'accroche encore à ce que nous avons créé ensemble, j'apprends à lâcher prise. Je me détache tranquillement ; en beauté, comme la feuille d'érable accueillant les rouges de l'hiver imminent. Je suis fière que mes enfants aient eu des enfants, de toutes nouvelles vies pour remplacer celles qui s'éteindront. Encore plus heureuse de savoir qu'ils prendront soin de toi, cher Soleil. Ils t'aiment presque autant que moi, sachant eux aussi que c'est toi qui nous as apporté le bien-être. Ils sauront te le rendre à leurs façons.

Devenue adulte en pleine possession de mes moyens, c'est le travail qui a comblé toutes les attentes que j'ai pu avoir. J'ai été bénie par cette épopée créative à laquelle je me suis dévouée pour nourrir mes enfants d'abord, pour nourrir mon propre besoin d'épanouissement, et finalement pour nourrir tout un pays de saveurs inoubliables. Le travail, c'est ma vie. Exigeant, rigoureux et tenace : il ne m'a jamais déçue. Parce qu'à chaque tournant, il m'a enseignée une leçon. Grâce à lui, j'ai aussi appris à m'améliorer constamment. Aussi acharné qu'il ait été avec moi, il m'a fait découvrir, avec le temps, un pouvoir extraordinaire : celui de faire arriver tout ce que je veux. C'est le travail qui a fait de moi un leader. C'est lui qui, chaque jour dans nos cuisines, facilitait ma tâche d'enrôler tous les employés afin de réaliser mes objectifs. Parce que j'étais avec eux sur le plancher des vaches, c'était plus facile de leur communiquer mes plans et, encore avec eux, d'organiser la besogne afin d'atteindre nos buts. La proximité et la familiarité que le travail journalier nous procurait ont aussi grandement aidé à motiver mes collègues par l'exemple, à bien les former et aussi à être capable de mesurer plus facilement leurs résultats. C'est le travail qui m'a appris l'art si précieux du management. J'ai tellement de définitions du travail dans ma tête, et la plus belle, c'est d'être la scène sur laquelle je me recrée depuis vingt ans. Parce que le travail a fait appel à tous mes talents : j'ai dessiné alors que j'avais encore de la difficulté à écrire correctement ; j'ai composé des romans avec de la farine, des arômes de pain doré et des rondelles de bananes. J'ai appris à parler en public et à me taire plus souvent qu'à mon tour devant mes collègues franchisés. Même en ayant oublié les mathématiques du collège, je suis devenu experte à repérer où stagnait notre argent. Isolée de nature, j'ai quand réussi à attirer une foule de gens intéressés à investir dans une franchise ou à travailler avec nous pour la corporation. Travaillante et disciplinée, je concrétise aujourd'hui mon rêve d'écriture grâce à la nécessité de raconter notre histoire à la prochaine génération. Parce qu'il a été exigeant avec moi, le travail m'a tout donné : le succès, la notoriété et l'abondance.

Aucun de ces bénéfices n'aurait d'importance si je n'avais aussi appris les lois cosmiques qui régissent notre univers. Le succès serait de courte durée, la notoriété illusoire, et l'abondance aussi dévastatrice qu'elle peut l'être lorsqu'elle tombe dans un trou sans fond. L'entreprise a été un bon maître parce qu'en même temps qu'elle exigeait le travail, elle m'obligeait à façonner l'esprit qui allait l'exécuter. Je ne peux compter le nombre de soirs où je me suis endormie avec un livre de spiritualité grand ouvert, recouvrant mon visage. Comme si la sagesse des mots aurait pu entrer en moi par l'orifice des yeux mi-fermés. J'implorais la force divine pour qu'elle vienne à ma rescousse. Pour qu'elle m'emplisse de courage et me transmette encore une fois son énergie magique. J'avais toujours devant moi le dessin de Michel-Ange sur la voûte de la Chapelle Sixtine. Dans un ciel vide, le doigt du Créateur s'étirant pour toucher celui du premier homme. Je savais que c'est ainsi qu'Il nous avait donné vie : qu'une seule petite rencontre de nos index allait suffire à réanimer mon âme éperdue. Alors, je priais pour que ça arrive. En faisant chaque jour, chaque tâche au meilleur de ma connaissance, je gardais l'espoir éveillé. Des fois, je pense que c'est ce constant désir de rapprochement avec ma divinité qui a pu garder les diables à distance. Les centaines de soupes données gratuitement, l'argent pour les billets d'autobus, le sucre à la crème, les desserts pour surprendre, les avances de salaire, les heures passées à l'urgence avec un cuisinier au doigt coupé. Tout contribuait à me rapprocher du bras divin. Je sais maintenant comment patient et indulgent Dieu a été envers moi qui le cherchais comme on joue à colin-maillard, aveuglée par tant d'illusions. De partout en même temps, j'avance maintenant vers Lui ; je le sais dans mon cœur. Je sais surtout que ce n'est pas en acquérant que je me rapproche mais en me délestant de ce qui est en trop. J'en viens à penser que la générosité est un excellent passe-partout pour progresser. Plus on donne et plus on diminue l'écart nous séparant du bien-être.

Ma quête spirituelle n'a pu faire autrement que de déteindre sur ma réalité ambiante. Toujours aller plus loin dans le travail, toujours m'améliorer, toujours améliorer le monde autour de moi. Retravailler continuellement nos processus pour plus d'efficacité, nos menus pour plus de ravissement, nous-mêmes pour plus de compétence au service de nos franchisés. Voilà ce que j'appelle le progrès. Être aujourd'hui meilleure qu'hier, et en route vers demain. J'ai souvent pensé être mon pire concurrent, celle que je devais à tous prix surpasser le lendemain matin en me recréant. Je sais que ce n'est pas toujours facile et qu'en voulant trop, on tombe dans des trous effroyables. Je m'en suis sortie sans jamais perdre mon désir de gagner : un mot, un pas, un restaurant à la fois, c'est ça qui compte. Je n'abandonne jamais ; je suis réputée pour ça. Je ne vais jamais me dire que le paysage ne vaut pas le voyage. Quand c'est difficile, je me concentre sur mon plan et je ne permets à ma tête aucune autre divagation. Lorsqu'elle est fatiguée, j'arrête, et elle se repose. Quelques fois, nous prenons du soleil sur la véranda ou nous regardons des classiques en DVD. Jamais, nous ne remettons en question l'objectif : conquérir le territoire, peu importe le temps que ça prendra. Quelqu'un a dit que le bénéfice du succès, ce n'est pas l'argent que nous accumulons, mais l'être que nous devenons en l'atteignant. Peut-être que finalement toute cette aventure de vivre ne sert qu'à cela : ornementer notre arbre. C'est Noël, et j'ai soudainement l'impression que tous les petits anges du sapin m'ont sauté sur les épaules, descendent sur mes bras ; que les lumières multicolores sont dans mes yeux, et les boules en porcelaine suspendues à mes oreilles. La maison est, ce matin, aussi muette que le ciel. Pourtant, je sais qu'il se passe quelque chose, qu'une immense main s'étire vers moi dans le vide. En ces rares moments, je sais que le courant passe ; qu'une nouvelle bougie s'allume dans mon cœur. J'en suis aussi heureuse que l'enfant de cinq ans qui constate que le Père Noël est passé durant la nuit.

LETTRE 27

Riviera Maya

Savais-tu, beau Soleil, qu'un citron trempé dans l'eau chaude quelques minutes ou passé au micro-onde quelques secondes donnera davantage de jus ?

Me voici donc à réchauffer moi aussi sur le sable blanc du Mexique avec la couenne badigeonnée à l'Ombrelle 45. Je ne peux faire autrement que de remarquer toutes ces femmes quasiment aussi ordinaires que moi, aux bras desquelles sont accrochés de magnifiques hommes. Comment diable font-elles pour les attraper ? Ont-ils poussé là, près d'elles depuis toujours ? Se sont-ils rencontrés dans l'arche de Noé, à l'aube des temps ? Se sont-ils épanouis ensemble ? Je cherche désespérément à comprendre comment les êtres s'attirent les uns les autres. Comment l'amour humain fonctionne en dehors des enfants et du métier ? Mes copines me disent qu'il s'agit pour la plupart de couples reconstitués.

– Comme ajouter au mélange sec deux œufs, une tasse d'eau, brasser jusqu'à consistance, et mettre au four trente-cinq minutes ? pensais-je.

– C'est presque aussi bon que la recette originale, dit alors Pauline.

– C'est parfois meilleur, ajoute Sophia, elle-même reconstituée.

Moi qui casse des œufs depuis vingt ans, je suppose que je n'ai pas encore appris à en mettre quelques uns dans le bon bol. Comment aurais-je pu, cher Soleil ? Toi qui me connais, tu sais que je ne suis pas équilibrée. Que je ne fais rien avec modération. Tu sais que je n'ai jamais eu le temps de sortir de mes cuisines, jamais le temps d'en aimer un autre que toi ?

Diantre ! Les adonis leur étendent la crème sur les épaules. Ils courent après leurs chapeaux de paille que le vent emporte, et le soir venu, tout beaux et tout parfumés, ils ouvrent pour elles les ventres des petits crabes frits servis au buffet. Jeunes ou vieux, matin, midi et soir, les couples sont seuls au monde cherchant ensemble à se faire de nouveaux amis, à rire l'un de l'autre de leur espagnol baragouiné ou tout simplement à brunir l'un contre l'autre, étendus sur des chaises longues, comme les deux toasts d'un même sandwich.

Comment aurais-je pu penser à tout cela quand c'était le temps d'y penser ? J'avais si peu de temps libre et tellement de travail devant moi ? Je me souviens, juste après le divorce, l'effort acharné que ça me demandait pour avoir les moyens de nourrir mes enfants, pour les vêtir, et pour payer l'essence des déplacements. Je me souviens de ma tête envahie par l'angoisse et l'apitoiement. J'avais trente-trois ans, j'étais magnifique, et pourtant j'ignorais que je valais quelque chose. J'ignorais qu'un nouvel homme pourrait m'aimer véritablement et consentir à mon bonheur. J'ai plongé dans le travail avec un cœur, un corps et une tête entièrement libres de tout autre attachement. Pas surprenant que j'ai pu abattre autant de boulot. Je suis devenue propriétaire d'entreprise à 40 ans et encore là, les rares fois où je pensais à autre chose qu'à mon travail, j'essayais de me convaincre que, tout probablement, un prince traverserait un jour ma route et que je saurais m'en accommoder. J'étais loin de me douter à quel point l'entreprenariat serait un plongeon dans un océan sans fond. J'ai nagé courageusement puis passionnément, et le temps a passé.

Pourtant, aujourd'hui, je les envie, ces bienheureuses femmes qui se font nettoyer le sable entre les orteils par leurs amoureux. Le célèbre Maslow et sa hiérarchie des besoins ne serait pas très fier de moi en ce moment parce qu'après avoir atteint une acceptable sécurité, j'ai complètement escamoté l'amour, l'amitié et la recherche d'appartenance à un homme. Maudite indépendance que me donne la réussite pendant qu'à la table voisine, l'homme retire, pour sa douce, la peau des minuscules ailes de poulet mexicain. Je la vois, elle, prendre du bout des doigts la viande maigre et la porter à sa bouche rose et délicate. Je vois ses yeux turquoise murmurer des promesses coquines qu'il savoure entre deux gorgées de Cerveza. J'envie tous ces petits gestes du quotidien : ces retours d'affection et ces partages d'intentions. Toi, mon Soleil, je t'ai aimé comme le mystique découvre Dieu, à force de profonde dévotion. Lorsque tu es entré dans ma vie, j'ignorais qu'en t'acceptant, je deviendrais moi-même ce moine ébahi et isolé. Je ne me plains pas de ce que tu as fait de moi car ma vie s'est tellement enrichie de sens et de satisfactions. Je suis devenue l'âme d'un groupe, la mère et le parent d'une très grande famille. Même avec mon peu de connaissance pertinente, tu m'as choisie, et j'ai accepté mon rôle. J'ai accompli mon travail du mieux possible. Toutes ces années, j'entendais, entre les assiettes, des clients parler de leurs voyages dans le Sud, mais c'était incompréhensible, inimaginable pour moi. Dieu merci ! Toutes ces bonnes choses qui peuvent nous arriver n'ont pas pu me distraire de mon travail parce que j'ignorais leur existence.

« Ça s'apprend le leadership », écrivent les experts ; alors je m'y suis consacrée entièrement, lisant en m'endormant le soir et en pratiquant toute la journée dans les restaurants. Sans compter que chacun de mes enfants représentait un concept particulier de gestion. Ils ont ainsi grandement contribué à mon avancement de patron. M'apprenant surtout comment survivre au fait que la vie ne se déroule jamais exactement comme on l'a planifiée. Je me souviens, il y a quelques années, lorsque que ma Julia enceinte et presque à terme, m'a confié qu'elle était paniquée parce qu'elle ignorait comment être une bonne mère. Je l'ai réconfortée en lui disant qu'avec le bébé vient aussi un invisible manuel de procédures. C'est le bébé qui t'apprend à être une mère. Ainsi pour moi, ce sont les enfants et les employés qui m'ont appris à diriger. Puis c'est l'entreprise qui, restaurant après restaurant, nous a appris à être un bon franchiseur. Ce que j'ai compris, c'est que lorsqu'on est véritablement engagé à quelque chose, toute la connaissance nécessaire arrive toujours au bon moment. Inutile d'avoir peur.

C'est pas croyable ! Il lui enlève les filaments de ses tangerines. C'est ça être en amour. Toujours vouloir se rendre utile pour l'autre. Toujours essayer de lui faire plaisir.

16 h 32 heure locale

Maintenant agglutinés autour de la piscine privée des VIP portant la même couleur de bracelet que moi,les couples cherchent encore le soleil. Les princes, certains rouges comme des homards sortis du chaudron, apportent aux princesses leurs daiquiris dégoulinant sur le marbre dispendieux de l'hôtel cinq étoiles. Elles sont riches et splendides, ces amoureuses étirant leurs membres alourdis en se relevant des chaises longues, s'assoyant sur les marches de la piscine, sirotant leurs alcools et se racontant leurs téléséries préférées. Encore une fois, je dévore le spectacle du bonheur.

Un leader, nous le répètent les gourous, ça doit aussi connaître les attentes des membres de son équipe. Comment ai-je osé entreprendre ? Moi qui en savais si peu en ce qui concerne les besoins des humains. Je ne savais pas que je ne savais pas. Aujourd'hui, j'espère juste que mes employés et mes enfants me pardonnent cette ignorance, ma sévérité, mon impatience et ma totale absence d'affection. « J'apprendrais avec le temps », me disais-je. Toute une vie s'est écoulée, et je suis encore avec le sac de plage rempli de bouquins d'affaires, assise devant la mer avec une tablette d'écriture sur mes cuisses bronzées à souhait. Je cherche encore le meilleur moyen de diriger. Comment être gentille et inspirante ? Comment mieux faire mon travail ? Je ne me suis pas vraiment amollie avec le temps ; le corps oui mais le gouvernail manque encore de flexibilité.

Ouach ! C'en est trop, un grand blond en maillot fleuri vient tout juste d'offrir à sa belle un petit lézard qu'il a lui-même attrapé. Elle a peur, et il la rassure. Il promet de ne pas apporter la bête dans la chambre. « Les petites bêtes ne mangent pas les grosses », conclut-il en couchant le petit animal sur le tapis de gazon. Ça me fait penser que je suis, moi aussi, comme dans le proverbe arabe, une petite fourmi qui a dû attendre que le hasard la renverse afin qu'elle puisse voir le ciel.

17 h 38 Heure locale

Le soleil mexicain vient de disparaître derrière la ligne d'horizon et une légère noirceur embrume ma lunette. La terrasse est presque silencieuse. Les couples ont regagné leurs chambres afin de se préparer au cérémonial du souper dans les restaurants thématiques. Il fait encore très chaud, et seule une grassouillette épanouie flotte, les bras en croix, au centre de la piscine. Elle fredonne son bonheur aux papillons. À bien y penser, moi aussi, je suis heureuse. Contente du chemin parcouru, fière d'avoir persisté, et comblée d'avoir enfin le loisir de profiter du véritable soleil. J'ai accepté la responsabilité de ma famille, j'ai trimé fort et j'ai découvert une énergie magique. J'aime à penser qu'en faisant tout cela, j'ai aussi incité mes enfants et mes collègues à faire le même cheminement pour eux-mêmes. Maintenant que je me connais mieux, j'apprends à m'apprécier davantage. Plus je suis capable de m'aimer, plus il m'est possible de croire que quelqu'un d'autre puisse le faire.

LETTRE 28

Aujourd'hui, le 8 mars

Chère madame Cora,

Aujourd'hui enfin, je me permets de vous écrire moi aussi une lettre, parce que c'est la Journée internationale de la femme et parce qu'il n'y a pas de meilleure journée dans l'année pour revendiquer mes droits. Je suis vous. Enfin pas tout à fait vous, la dame Cora des panneaux publicitaires, mais vous la petite énergie de féminité qui tient le fort à l'intérieur de votre carapace d'entrepreneur. Je sais que vous aimez votre Soleil et que votre dévotion à son rayonnement est quasi totalement l'œuvre de votre vie. Mais je suis là, moi, ce qui restera de vous lorsqu'un jour, on aura réussi à extraire le commerce de votre chair.

Vous écrivez que votre créativité s'est amplement exprimée dans les affaires. Avez-vous donc oublié vos poèmes, vos haïkus, et tous les textes magnifiques que vous avez écrits par le passé, avant même de revêtir la veste de cuisine ? Avez-vous oublié la littérature, Rimbaud, Husserl, votre philosophe préféré, les énigmatiques romanciers chinois qui vous ont fait voyager par-delà les continents ? Vous prétendez avoir fait de beaux plats et vous être exprimée à souhait. Avez-vous oublié votre talent pour les beaux-arts ; les voiliers que vous aviez peints et qui sont encore exposés pour tous chez votre amie de collège ; vos surprenantes esquisses et l'étrange façon que vous aviez de former vos lettres en dessinant ? Cela remonte à très loin, avant même que vous ayez accepté de passer cette affreuse bague à votre doigt ? Avez-vous oublié la couture ; les magnifiques jouets que vous faisiez pour vos enfants, les décorations de Noël en satin, vos robes et vos manteaux qui faisaient se détourner les têtes sur votre passage ? Vous aviez des doigts de fée pour coudre, pour tricoter et pour broder des œuvres que tout le monde voulait accrocher dans son salon. Avez-vous oublié les poissons que vous avez confectionnés pour votre premier petit fils, aussi vivants que des vrais avec leur corps turquoise, vert et bleu ? Le premier berceau de votre petite Penny, que vous aviez si joliment habillé de taffetas rose ? Les nombreux costumes d'halloween, et vos intérieurs de maison toujours si habilement décorés ?

Vous affirmez vous être découverte dans l'entreprise, chère demi-moi. Est-ce vraiment vrai, madame ? Ou aviez-vous juste oublié qui vous étiez avant de vous redécouvrir ? Je suis un peu frustrée que vous ayez oublié la beauté de nos vingt ans, notre vivacité d'esprit et l'originalité de notre personnalité attachante. J'avoue que la vie ne vous a pas bien préparée à l'épanouissement de vos talents et de votre féminité. Vous veniez du monde dur et froid de l'incompatibilité, de la tristesse des parents malheureux. De là à céder à un seul adonis, de surcroît étranger et prétentieux, je ne le vous pardonne pas. Votre route était pourtant remplie d'admirateurs intentionnés, mais vous aviez les yeux fermés. Vous avez survécu certes en vous inventant des paradis dans un cahier. La réalité ne vous importait guère, chère madame, pas plus que moi en vous ou que le pape dans son Vatican.

Bref madame, vous avez peut-être conquis un pays mais vous avez failli à prendre convenablement soin de la femme en vous. Ne venez pas me parler du prix à payer pour réussir. Regardez ces magnifiques femmes qui réussissent aujourd'hui ; pensez-vous que les responsabilités et le travail aient dévoré leur féminité ? Pensez-vous qu'elles aient sacrifié l'amour d'un homme ou même le simple plaisir de voir leurs orteils agréablement laqués ? Non madame. Ces femmes ne se sont pas laissées happer par la solitude comme vous l'avez fait. Elles n'ont pas toujours vécu en symbiose avec une marque de commerce, aussi brillante fusse-t-elle. Vous n'avez jamais sacrifié le dessin d'une pancarte pour vous faire limer les ongles, un après-midi de votre précieux temps pour une visite chez l'esthéticienne ? Vous m'avez oubliée, madame, vous avez oublié mon cœur et mes besoins. Vous vous prétendez heureuse dans ces lettres à votre complice joufflu, vous allez même jusqu'à jurer de l'aimer pour la vie.

Et moi alors, madame la femme d'affaires ? Quand allez-vous m'aimer ? Il est peut-être temps, madame, de faire autre chose que de penser à ce gros monstre jaune qui, de toute façon, a maintenant tout un pays pour l'aduler ? Je me languis de recevoir un peu de votre attention ; donnez-moi dix centièmes de votre puissante concentration et je vous ferai moi aussi resplendir comme un soleil. Voyez, madame, comment, à force de vous porter sur mon dos, vos mots préférés tombent dans mes oreilles. Soyez-en certaine, chère demi-moi, je suis capable d'ajouter de la joie à votre actuel bonheur. Rappelez-vous du doux temps de vos amourettes. Lorsque vous lui portiez des missives et qu'il déposait des mangues sur votre paillasson. Rappelez-vous les compliments des prétendants et, plus loin encore dans le temps, vos battements de cœur au laboratoire du collège, lorsque Paul baignait ses yeux dans les vôtres. J'y étais, madame, et c'était merveilleux. Vous aviez même échappé une grenouille éventrée lorsque sa main avait voulu saisir la vôtre. Vous en souvenez-vous ?

C'est notre fête aujourd'hui, très chère Cora, pourrions-nous unir nos différences et nous réjouir d'être à nouveau entière et remarquable ? Allez, madame, les livres à lire ne s'enfuiront pas du salon. Mettez un peu d'ombre sur vos paupières. Vous êtes tellement jolie. Allez, madame, cherchez-nous un prince, pardi !

Corina

PS : Nous vivrons jusqu'à quatre-vingt-quinze ans, je vous le promets !

LETTRE 29

La Fondation Cora

Donner nous enrichit puisque « tout ce qu'on donne nous revient au centuple », selon l'écriture sacrée.

Dans le premier Cora, plusieurs clientes s'étaient attachées à moi. Elles venaient déjeuner le matin et, sachant que mon travail s'achevait vers 16h, elles revenaient en fin d'après-midi, prendre un thé, une pointe de gâteau et faire un brin de jasette avec la patronne. C'est d'ailleurs ce que j'ai le plus aimé dans toute mon histoire de cuisinière : cette espèce d'intimité spontanée qui se crée dans les casse-croûte entre les clients et les personnes qui y travaillent. Parce qu'elles avaient tellement besoin de parler, de se raconter, plusieurs personnes se confiaient à nous qui étions pour elles de purs inconnus, anonymes et non compromettants. Les hommes me contaient leurs exploits, leurs défis et tout ce qu'ils n'osaient dire à leur douce, à la maison. Les femmes faisaient de même, peut-être plus profondément, en m'incluant dans leurs réflexions existentielles. « Enfin, je fais partie du monde » que je me disais intérieurement. J'avais des copines, des complices et des oreilles prêtes à entendre ma recette de persévérance.

Nico étaient l'une d'elles. Très instruite et pourtant encore avide de savoir. Elle avait toujours une histoire abracadabrante à nous raconter, « des pages de vie » qu'elle les appelait. Par exemple, comment son ex l'avait expulsée de leur château de Laval-sur-le-lac pour y introduire une gabonaise ramenée d'expédition au Zaïre. Nico était issue d'une famille aisée d'Outremont. Elle avait dilapidé son héritage à essayer de reprendre son chez-soi adoré. Elle a tout perdu : le château, le standing, les amies riches et ses propres enfants qui, selon ses dires, préférèrent l'opulence du père au chagrin de leur mère. N'ayant jamais travaillé de sa vie, Nico avait quand même déniché, grâce à son immense culture, un travail de bibliothécaire à temps partiel. Elle le faisait depuis huit ans lorsque je l'ai connue. Je me souviendrai toujours de son histoire parce que, quelques jours après la naissance de mon premier petit-fils, elle m'a apporté un magnifique canard de porcelaine lui servant jadis de jarre à biscuits dans la cuisine du château, « un des rares objets récupérés après la tempête » avait-elle insisté comme pour en augmenter la valeur. C'était un magnifique canard quasiment aussi gros qu'un vrai à maturité ; tout blanc avec un long bec peinturé du même jaune que mon soleil. Ce magnifique oiseau, sauvé des eaux, devint presque immédiatement, lorsque je l'ai serré dans mes bras, l'origine de la Fondation Cora.

Deux jours plus tôt, en voyant naître mon premier petit-fils, une inquiétude avait serré ma gorge. Comment allions-nous pouvoir assurer à cet enfant un avenir convenable ? Nous qui avions si peu de moyens. C'est en tirant le cou du canard pour l'ouvrir que j'ai trouvé la solution. J'allais, à partir de ce jour même, mettre six dollars, parce qu'Alex pesait six livres à la naissance, de ma poche à chaque jour dans le canard pour contribuer à l'avenir convenable de cet enfant. J'ai donc installé l'oiseau domestiqué sur une tablette derrière la caisse et, à chaque fermeture, avant de quitter le resto, j'y enfonçais l'argent avec fierté. Ça a duré trois ans, jusqu'à l'ouverture de notre deuxième resto. Là, j'ai décidé que les six dollars par jour deviendraient : six dollars par jour, par restaurant. J'ai donc déposé douze dollars par soir dans le canard de janvier à septembre 1990, date à laquelle nous avons ouvert un troisième restaurant. Puis, c'est devenu dix-huit dollars par soir dans le canard jusqu'en août 1991. Là, alors que nous grattions les fonds de tiroirs pour réunir l'argent nécessaire pour acheter un délicatessen grec en difficulté afin de le transformer en quatrième resto Cora, nous avons emprunté l'argent du canard pour l'investir dans le commerce. En 1992, nous avons ouvert cinq nouveaux établissements dont notre première franchise. Il est devenu évident que la famille pourrait s'occuper de son rejeton sans difficulté, et nous avons décidé qu'en devenant franchiseur, l'argent du canard servirait à aider beaucoup d'autres enfants dans un plus grand besoin que le nôtre. Nous avons créé la Fondation Cora et invité nos nouveaux franchisés à se joindre à la cause des Petits Déjeuners du Québec, et plus tard, de tout le Canada. C'est un organisme qui voit à organiser le service du déjeuner dans les écoles les plus défavorisées du pays. Pour faire en sorte que les enfants puissent, chaque jour, manger avant de commencer à apprendre. Nous avons, dix années de suite, organisé un grand tournoi de golf au bénéfice de notre Fondation. C'était toujours vers la première semaine de juin. Il faisait beau et tout le monde y participait avec grande joie : nos franchisés, nos fournisseurs et commanditaires, et tous amis, et les gens intéressés par notre entreprise. Puis, quelques années, nous avons organisé des soupers thématiques. Maintenant, une fois par année, nous invitons nos clients en succursale, à acheter un petit soleil jaune au profit du Club des Petits Déjeuners. La Fondation Cora a donné plus d'un million de dollars depuis dix ans et moi-même, je continue de contribuer en versant mes cachets de conférencière et de coach à la Fondation, ainsi que les revenus de la vente de mes livres. C'est essentiel de donner parce que nous avons tous besoin les uns des autres. J'ai eu besoin de Nico pour me témoigner un peu de chaleur humaine, et elle a eu besoin de moi pour l'écouter. Elle m'a donné un magnifique cadeau et, depuis ce jour-là, je redonne pour aider les jeunes enfants à mieux commencer leurs journées. Donner nous enrichit puisque « tout ce qu'on donne nous revient au centuple », dit l'écriture sacrée.

LETTRE 30
La relève

Avec le temps et la patience, la feuille du mûrier
devient de la soie.
LAO-TSEU

« Comment pouvez-vous faire ça » ? m'ont demandé quelques entrepreneurs qui ont de la difficulté à envisager leur propre retraite. Je les comprends et j'ai eu le goût de leur répondre que seul un cœur de mère est capable d'un tel sacrifice. Parce que je le savais au début qu'en prenant une telle décision, j'allais me sacrifier pour mon fils en lui cédant mon job adoré. Nicholas travaille avec moi depuis le début, et il a grimpé, une à une, toutes les marches vers la direction. À titre de bras droit depuis plusieurs années, il est devenu un patron mature et plus solide que moi, l'artiste fondatrice. Il possède les grandes qualités d'humilité, de patience, de confiance en soi et de courage. Il a une croyance indestructible dans le potentiel de notre concept et un très grand respect pour notre marque de commerce. Il a confiance en ses équipes et a à cœur l'épanouissement et le bien-être de chacune des personnes travaillant avec lui. Déjà, c'est un grand leader dans son cœur, davantage motivé par le progrès de l'entreprise que par le profit généré. Je suis convaincue que l'avenir a besoin d'un chef comme lui, profondément enraciné, déterminé et généreux. Un chef qui, patiemment, plante des graines au lieu de se précipiter vers les récoltes. Même s'il m'a fait grimper plus d'une fois dans les rideaux avec sa fameuse manie de considérer toute dépense d'affaires comme un investissement dans notre avenir, j'aime son potentiel en devenir.

De toute façon, malgré mon attachement viscéral à notre entreprise, vient un temps où la mère poule doit accepter de battre de l'aile au profit de ses jeunes poussins devenus grands. Ce n'est pas triste car c'est aussi la meilleure façon de passer le flambeau en demeurant responsable et en sachant qu'on a laissé assez d'essence dans le réservoir. Je t'entends sourire, coquin Soleil, comme si tu doutais de ma grandeur d'âme. Toi seul pourtant sait à quel point je suis attachée à la racine des choses comme du temps où le grand-père Frédéric m'expliquait l'importance du morceau de patate ensemencé qui devait avoir au moins deux ou trois germes pour assurer une récolte abondante. Malgré tous les anges qui m'assistent, tu te demandes encore si j'ai creusé assez profond avant de transplanter notre avenir ? Tu penses peut-être que je vais regretter d'avoir choisi le poussin au lieu de l'argent des œufs ? Même si ce n'est pas facile d'accepter qu'il y ait probablement plus de pommes dans un pépin que de pépins dans une pomme ! Pas facile de prendre la voie de service mais justement parce que je désire encore servir, je suis capable d'accepter que la direction matriarcale doive élargir ses horizons. Je comprends que la gestion du gros bon sens doive se raffiner et devenir moins instinctive et plus réfléchie, plus prévisible et plus professionnelle.

Même si au début l'entreprise, c'était moi, mes idées, mes façons de faire et ma vision, je comprends qu'aujourd'hui, il advienne quelque chose de beaucoup plus grand que moi, quelque chose d'indépendant de moi. D'ailleurs, mon bel astre lumineux, toi seul sait à quel point je suis avant-gardiste ! Toujours en train de préparer la prochaine étape comme si une bonne fée m'aidait à prédire ce dont nous aurons besoin demain. Ne t'inquiète pas pour moi : j'ai l'habitude de cette longueur d'avance. D'ailleurs, il est grand temps de délier la dictature matriarcale, de démocratiser le pouvoir et de faire en sorte, avec la mentalité du jeune président, que plus de collaborateurs accèdent à des postes de direction. En ayant déjà amorcé la décentralisation du pouvoir, je collabore à synthétiser notre pensée dirigeante pour en faire un processus organisationnel cohérent. J'apprends à déléguer, et mon nouveau rôle devient celui de faciliter la transmission de nos valeurs à la nouvelle génération. Car c'est justement cette culture tricotée serrée qui va maintenant servir à solidifier les ponts entre nos débuts et notre avenir. Je désire, par cette correspondance avec toi, Soleil, rappeler notre histoire à nos collaborateurs, leur remémorer nos valeurs, nos principes et cet inusable amour du travail qui nous a amenés jusqu'ici.

Même si je suis vissée à ma création, je ne laisserai pas mes forces devenir des faiblesses en m'entêtant à vouloir mourir au travail. Je l'ai pourtant clamé dans mon premier livre qu'on allait devoir me sortir du bureau dans une boîte. Tu t'en souviens de ce temps où je me croyais indispensable ? Je l'étais tout probablement. Tu te souviens du temps où je traitais les mots vacances, relaxation ou retraite de véritables cactus piquants. Je ne voulais ni les entendre ni les prononcer parce que chacun avait le pouvoir de me séparer de mon travail tant aimé. Sous ton emblème, cher Soleil, j'ai découvert mes talents et ma passion de créer. En te servant, j'ai enfin pu exprimer le meilleur de moi-même. Ça doit ressembler à ça, sortir de communauté ou quitter l'armée. Plus d'impératifs, plus d'obligations, plus d'habitudes, plus de tracas et plus d'argumentations enflammées. Des fois, je me demande combien de temps ça va me prendre pour ressembler à ces blés d'Indes séchés qu'on utilise comme décoration d'Halloween ?

Dieu merci, avec ces lettres d'amour, une cohorte d'anges m'empêchent de sécher trop vite ! Tu les connais, cher Soleil, ces forces invincibles qui prennent soin de moi. Déjà, pendant que j'écris, elles titillent mon cerveau avec toutes sortes de nouvelles notions concernant l'univers à notre service lorsqu'il s'agit de recomposer notre vie. Je ne veux rien recommencer mais poursuivre ma vie, même si ça signifie une nouvelle description de tâches. Je ne veux surtout pas te quitter, amour de Soleil, car cette longue conversation avec toi enrubanne de velours ma lente séparation d'avec le quotidien. Ne t'inquiète pas pour moi car, malgré tout ce qui peut m'arriver, je ne cesserai jamais de m'appeler Cora et d'avoir initié un concept extraordinaire. J'ai confiance en la vie qui prend soin des plants de rhubarbe dans mon jardin et qui fait migrer les oiseaux lorsque l'hiver s'en vient. Ça va être la même chose avec moi. Ça va arriver tout seul. Je vais me mettre à aimer davantage écrire ou dessiner des fleurs, ou peut-être même enseigner la cuisine, le matin si possible ! Ne t'inquiète pas : je t'aimerai toujours parce que, à part mes enfants, tout ce qui m'est arrivé de bon dans la vie vient de toi.

LETTRE 31

Lettre au jeune président

Si quelqu'un te traite d'amateur, rappelle-toi que ce sont des amateurs qui ont fait l'arche de Noé et des professionnels qui ont fait le Titanic !
ANONYME

Très cher Nicholas,

Je t'ai savonné les oreilles plus souvent que nécessaire avec mes fameuses phrases de gourous, avec les best-sellers d'affaires à lire absolument et avec toute la panoplie de proverbes inspirants que j'inscrivais partout, dans nos agendas de travail et ailleurs dans nos documents de communication. Comme un bon fils, tu lisais et tu écoutais plus pour moi que pour toi-même ! Te souviens-tu des petits mensonges que je te racontais à nos débuts pour t'encourager : que si nous travaillions très fort, un jour nous aurions des dizaines d'établissements, que tu irais les visiter en avion, partout à travers la province, et que si nous savions économiser, un jour, tout irait bien ! Je suis certaine que tu ne me croyais pas, moi-même, je ne pouvais pas en être convaincue. Mais je continuais à planter des graines dans ta tête et, par ricochet, dans la mienne. J'imaginais pour te réconforter toute sortes d'aboutissements favorables, des rêves auxquels t'accrocher, des bonbons imaginaires pour amoindrir la sévérité de notre existence d'alors. Tu me laissais faire en continuant d'éplucher tes centaines de kiwis ou de brasser des litres et des litres de mélange à crêpes pour le lendemain. Tu as toujours été plus patient que la patience, et, envers moi, malgré ton jeune âge, plus dévoué que la dévotion elle-même. Tu apprenais en travaillant.

La plupart du temps silencieux, tu vérifiais chaque geste, inspectais chaque plat, t'informant presque quotidiennement pour savoir si nous avions assez d'argent pour payer nos factures. Je me souviens comment tu insistais dans nos premiers restos pour faire toi-même les tâches dangereuses comme nettoyer les conduits de ventilation, brocher les pancartes haut sur les murs ; laver les plaques chauffantes ou couper toi-même le jambon avec le trancheur automatique mangeur de doigts. Tu disais qu'il fallait éviter à nos employés les accidents de travail et les encourager en sortant avec eux les vidanges, en balayant le plancher ou en transvidant toi-même les grosses casseroles de patates bouillies. Au troisième resto, promu au comptoir à fruits, tu as rédigé, à l'usage des jeunes fruitiers dont tu étais responsable, le premier fascicule « Comment couper les fruits et les disposer joliment dans les assiettes au menu. » Tu as continué, en gravissant les étapes, à documenter les procédures d'opérations et de bonne gestion d'un établissement. Lorsque nous sommes devenus franchiseurs, tu étais prêt à affronter le défi. Tu n'as jamais cessé de collaborer à l'avancement du concept. J'étais peut-être la source de l'entreprise, mais toi, tu as été tout le système de canalisation de ces précieuses procédures. J'ai tellement compté sur toi, sept jours sur sept, le jour comme le soir, et, malgré cela, je me suis fais très claire en affirmant que mon ou ma remplaçante allait être l'enfant qui aurait accumulé le plus d'heures de travail dans l'entreprise, l'enfant qui allait devoir graduer des Hautes Études Commerciales ou travailler un minimum de trois ans dans une compagnie américaine de franchisage prospère beaucoup plus importante que la nôtre. Chaque année depuis, je t'ai conseillé de retourner aux études et tu as toujours répondu : « J'irai plus tard, Mother, maintenant je suis trop occupé ». J'ai finalement compris que réellement, l'entreprise ne pouvait se passer de toi, que je ne pouvais me passer de ton jugement à toute épreuve, de ta solidité, de ta confiance dans notre concept, et de ta capacité incroyable à dédramatiser les événements. Sache que tu es devenu par toi-même le grand patron : l'autorité après le soleil ! Sache que c'est pour la forme que je t'ai nommé président devant tout le monde. Pour officialiser ce qui se produisait déjà entre nous, au quotidien. C'est l'entreprise qui a été ton université. Sans congés fériés, sans fins de semaine de bombance ni vacances estivales. Préservé de l'arrogance qu'aurait pu t'apporter trop de diplômes et de la terrible technocratie de certains courants de management, tu es demeuré un humble et dévoué serviteur de l'entreprise, malgré ta foi inébranlable en ta capacité et ta volonté de réussir. Aucune de ces qualités n'égaleront ton immense générosité envers ta famille, envers tous les franchisés et tous les employés du système Cora. Te céder ma chaise demeurera le geste le plus significatif que j'ai pu faire pour l'avenir de l'entreprise. C'est à mon tour d'être pour toi le fidèle second que tu as été pour moi toutes ces années.

Les semences dans nos têtes sont en train d'éclore, mon fils, et tu seras un bon jardinier, sois sans crainte. Oui, le temps des avions est finalement arrivé, et tu traverses maintenant le Canada pour t'assurer de la qualité des récoltes. Tout ton monde est heureux de collaborer sous ta gouverne. Je n'ai donc plus rien à t'enseigner que ne tu découvriras toi-même dans le sillon de tes propres expérimentations.

Ta maman qui t'aime.

LETTRE 32

Assez, c'est assez

Ma très chère Corina,

Merci de me donner encore autant de vie ! Es-tu bien certaine que je vais vivre jusqu'à quatre-vingt-quinze ans et que j'entendrai les enfants de mes petits-enfants me lire leurs premiers quatrains ; que j'aurai le bonheur d'aimer ma fille aussi longtemps, ici-bas ? La mort est bien morte avant moi, ma chérie, puisque je te crois. Je sais maintenant que c'est dans le cœur que le temps s'éternise. Oui, douce moitié, je t'aime autant que ce monstre joufflu qui a eu besoin de nous deux pour devenir célèbre. Jamais sans toi, je n'aurais pu être une mère, une amante et une énergie créatrice. Non, je ne t'ai jamais oubliée même si je ne t'ai pas assez louée ni incluse dans ma prière quotidienne. Tu n'as pas à revendiquer tes droits puisque je n'ai jamais cessé d'être une femme ; tantôt agressive et protectrice de ses oisillons, et tantôt rêveuse et imaginative de mondes bien meilleurs.

Tu le sais mieux que tous les autres à quel point j'ai écouté depuis mes débuts, la petite voix qui m'habite ; celle-là même qui me poussait à avancer sans aucune distraction toutes ces années. Voici qu'aujourd'hui, elle me chuchote d'arrêter, qu'assez, c'est assez, et qu'il me faut céder ma place. Comme l'été se transforme en automne, la saison change à l'intérieur de moi. Toi-même, Corina chérie, tu me le confirmes maintenant. C'est cette même force qui aujourd'hui m'inspire et me porte à penser que le temps est venu de tirer ma révérence avec bonheur. Je ne peux donc pas ignorer cette énergie organisationnelle qui, jusqu'à hier, m'a tellement aidée. Je sais dans mon cœur qu'elle a raison. Elle a toujours eu raison avec moi ; me donnant davantage que ce pourquoi j'avais travaillé. Elle a tout fait arriver depuis mes débuts en affaires.

Ce n'est pas surprenant qu'elle s'occupe aussi de la fin. Cette énergie divine m'a fait comprendre qu'il est temps de lâcher prise, elle me donne la paix et autant d'enthousiasme qu'à un jeune enfant devant un magasin de jouets. Tu as assez cuisiné, me murmure-t-elle, assez enseigné, assez engrangé, assez remporté de prix, assez travaillé, assez accumulé de compliments et assez forcé le courant pour faire avancer le bateau. Assez, c'est assez ! Je le comprends et je suis convaincue qu'un quelconque miracle s'est opéré en moi puisque avec autant de fougue qu'il y a vingt ans, je suis pourtant capable de céder ma place avec confiance et sérénité. Je ne suis pas inquiète, ni pour mon soleil, ni pour mes enfants, ni même face à cette nouvelle vie que nous entreprenons soudées ensemble, toi et moi. Je sais que le divin architecte aura encore une fois tout prévu pour notre bonheur.

Chère demi-moi, la vie est parfaite : tu as désormais toute la place pour exprimer ce qui n'a pas encore été dit et pour vivre de l'amour ce qu'il nous reste à en expérimenter. Allez, Corina, parfume un peu tes beaux cheveux blancs, et ouvre l'œil : à partir d'aujourd'hui, chaque jour est une fête que nous allons célébrer ensemble !

Tendrement,

Cora

Cet ouvrage, composé en Futura, Gill
et Garamond Premier Pro,
a été achevé d'imprimer sur les presses
de l'imprimerie Transcontinental Métrolitho,
Sherbrooke, Canada
en août deux mille onze
pour le compte
de Marcel Broquet Éditeur